GW00760926

„Der eine Punkt,
an dem du dich jetzt befindest,
setzt sich zusammen aus einer Vielzahl
von Erlebnissen und Erfahrungen,
von Schmerzen und Glück,
von Stille und Sturm,
von Sanftheit und Härte.
Nicht zufällig wurdest du der Mensch,
der du jetzt bist."

aus: Ulrich Schaffer: Die Reise ins eigene Herz

DIALOGISCHES LERNEN

Herausgegeben von Dr. Cornelia Muth

ISSN 1614-4643

Tanja Dräger

GENDER MAINSTREAMING
IM KINDERGARTEN

ibidem-Verlag
Stuttgart

Bibliografische Information der Deutschen Nationalbibliothek
Die Deutsche Nationalbibliothek verzeichnet diese Publikation in der
Deutschen Nationalbibliografie; detaillierte bibliografische Daten sind im
Internet über http://dnb.d-nb.de abrufbar.

Bibliographic information published by the Deutsche Nationalbibliothek
Die Deutsche Nationalbibliothek lists this publication in the Deutsche Nationalbibliografie;
detailed bibliographic data are available in the Internet at http://dnb.d-nb.de.

Mein Dank gilt meiner Freundin Saskia, die auch diesmal wieder bereit war, Korrektur zu lesen,
meiner Tochter Merle, von der das Titelbild stammt, und vor allem meinem Mann Michael,
ohne dessen umfassenden Computerkenntnisse und unendliche Geduld mit mir diese Arbeit
nie in dieser "Form" möglich gewesen wäre.

∞

Gedruckt auf alterungsbeständigem, säurefreien Papier
Printed on acid-free paper

ISSN: 1614-4643

ISBN-10: 3-89821-869-4
ISBN-13: 978-3-89821-869-6

© *ibidem*-Verlag
Stuttgart 2008

Alle Rechte vorbehalten

Das Werk einschließlich aller seiner Teile ist urheberrechtlich geschützt. Jede Verwertung
außerhalb der engen Grenzen des Urheberrechtsgesetzes ist ohne Zustimmung des Verlages
unzulässig und strafbar. Dies gilt insbesondere für Vervielfältigungen,
Übersetzungen, Mikroverfilmungen und elektronische Speicherformen sowie die
Einspeicherung und Verarbeitung in elektronischen Systemen.

All rights reserved. No part of this publication may be reproduced, stored in or introduced into a retrieval
system, or transmitted, in any form, or by any means (electronic, mechanical, photocopying, recording or
otherwise) without the prior written permission of the publisher. Any person who does any unauthorized act
in relation to this publication may be liable to criminal prosecution and civil claims for damages.

Printed in Germany

Vorwort der Herausgeberin

Die persönliche Entwicklung von Jungen und Mädchen sowie von Männern und Frauen – welche im Übrigen ein humanistischer Bildungsauftrag von allen öffentlichen Schulen wie Hochschulen in der BRD ist – hängt im 21. Jahrhundert von zwei Fähigkeiten ab: von Gender- und Dialogkompetenz. Nur eine geschlechtergerechte Pädagogik kann diesen Lernprozess unterstützen. Dass die Gleichstellung zwischen Männern und Frauen bzw. zwischen Jungen und Mädchen noch längst nicht erreicht ist, weist Tanja Dräger detailliert mit anschaulichen Beispielen für den Kindergarten nach und gelangt zu dem Ergebnis: Gender Mainstreaming ist ein wichtiger Weg, um Gerechtigkeit im Verhältnis der Geschlechter zu ermöglichen.

Insbesondere ihre konzeptionellen Darlegungen der differenztheoretischen und der (de-)konstruktivistischen Perspektiven zeigen den Bezug zur dialogischen Denkhaltung in Hinblick auf das Leben mit der Andersheit: Der Mensch unterliegt in seiner Entwicklung einem offenen Lebensprozess und kann nicht auf ein bestimmtes Frauen- oder Männer-Bild festgelegt bzw. erzogen und gebildet werden. Uneinsichtigkeit in diese radikaldemokratische Dialoghaltung bewahrt die traditionelle Unterlegenheit der Frauen innerhalb patriarchaler Gesellschaftsstrukturen. Das macht Tanja Dräger für das Sein von Mädchen im Kindergarten beeindruckend deutlich.

Ein notwendiges Buch in Zeiten von Eva Herman und Co.

Prof. Dr. Cornelia Muth

Gliederung

1. Einleitung

Die vorliegende Veröffentlichung beschäftigt sich mit dem Thema „Gender Mainstreaming".

Zielsetzung dieses Buches ist es zu untersuchen, welche Bedeutung die politische Strategie des Gender Mainstreaming für ein Feld der Sozialen Arbeit[1], den Kindergarten[2], haben kann.

Für die Bundesregierung besteht durch internationale Abkommen die Verpflichtung, Gender Mainstreaming einzuführen und Umsetzungskonzepte zu entwickeln.[3]

Obwohl der Begriff Gender Mainstreaming schon seit den 1990er Jahren existiert, muss zu Beginn eine allgemeine Definition erfolgen, um die Problematik und gesamte Breite des Themas verstehen und erfassen zu können. Danach folgen die rechtlichen Grundlagen des Gleichstellungsbegriffs, die den Rahmen für das durch Gender Mainstreaming veränderte politische Handeln abstecken.

Für das Verständnis eines politischen Handlungsprinzips ist es sinnvoll, die geschichtliche Entwicklung zu betrachten, da sich hieraus viele Dinge des späteren politischen Handelns erklären, weshalb im weiteren Verlauf des 2. Kapitels Erläuterungen zur Entstehungsgeschichte von Gender Mainstreaming folgen. Im Verlaufe der Entwicklung ist es zu einem Begriffswandel von der Frauen- zur Geschlechterforschung gekommen, auf den ebenfalls im 2. Kapitel eingegangen wird. Wichtig ist es zunächst, die sozialen Bedingungen, unter denen Frauen und Männer in der Gesellschaft zueinander

---

[1] Der Begriff „Soziale Arbeit", in dem die Begriffe Sozialpädagogik und Sozialarbeit oftmals zusammengefasst werden, setzt sich meines Erachtens immer mehr durch und soll in dieser Veröffentlichung bevorzugt verwendet werden.

[2] Im Folgenden bezeichne ich, wie Ursula Rabe-Kleberg, als Kindergarten „alle Einrichtungen gesellschaftlich organisierter und regulierter Betreuung, Erziehung und Bildung von Kindern im Alter von drei Jahren bis zum Übergang in die Schule", vgl. Rabe-Kleberg, U. (2003): Gender Mainstreaming und Kindergarten, S.9.

[3] vgl. Cordes, M. (1996): Rechtspolitik als Frauenpolitik, S. 33.

in Beziehung treten, zu analysieren, da diese der Ansatzpunkt für Gender Mainstreaming Prozesse sind. Des Weiteren wird im 2. Kapitel geklärt, welche Bedeutung der Begriff „Gender" haben kann.

Die zur Umsetzung von Gender Mainstreaming entwickelten unterschiedlichen Methoden werden im 3. Kapitel vorgestellt, bevor im 4. Kapitel erläutert wird, welche Bedeutung Gender Mainstreaming als Handlungsprinzip einer geschlechtergerechten Pädagogik für Maßnahmen der Kinder- und Jugendhilfe und hier speziell für den Bereich der Pädagogik im Kindergarten haben kann. Vielfach sind auch im Kindergarten strukturelle Faktoren bestimmend für den Ablauf gesellschaftlicher Prozesse, weshalb diese unter 4.2 erläutert werden.

Im 5. Kapitel wird anhand der Gender Mainstreaming Definition des Europarates eine Übertragung der politischen Strategie in das Handlungsfeld des Kindergartens vorgenommen.

Ein wichtiger Teil des Gender Mainstreaming Prozesses im Kindergarten ist die Umsetzung einer geschlechtergerechte Pädagogik[4], deren Theorie am Beispiel des Handlungsfeldes Kindergarten beschrieben wird. Die Grundlagen der geschlechtergerechten Pädagogik können aus der Gleichheitsperspektive, der differenztheoretischen Perspektive und der (de-)konstruktivistischen Perspektive betrachtet werden, deren Erklärung hieran anschließend folgt.

Ebenfalls eine wichtige Rolle bei der Umsetzung von Gender Mainstreaming Strategien spielen die am Prozess beteiligten Personen, welche, um eine geschlechtergerechte Pädagogik umsetzen zu können, über eine gewisse

---

[4] Eine geschlechtergerechte Pädagogik ist sich der Geschlechtlichkeit der Mädchen und Jungen bewusst und versucht evtl. entstehenden oder bestehende Bevorzugungen bzw. Benachteiligungen des einen oder anderen Geschlechts bewusst wahrzunehmen, diese zu berücksichtigen und dem gegebenenfalls entgegenzuwirken. Achtung: Die Umsetzung einer geschlechtergerechten Pädagogik ist ein Teil des Gender Mainstreaming Prozesses im Kindergarten, der über die Ebene der Einrichtung des einzelnen Kindergartens hinaus zuerst bei der politischen Ebene, der Träger-Ebene und der Verwaltungsebene ansetzt (vgl. hierzu: Kapitel 3.6 Gender Budgeting, in dieser Arbeit S. 49ff).

Genderkompetenz verfügen müssen. Dies ist für Erzieherinnen, Erzieher, Eltern und andere an der Erziehung beteiligten Personen wichtig, um Mädchen und Jungen in ihrem Entwicklungsprozess angemessen unterstützen zu können.

Eine wichtige Bedeutung für die geschlechtliche Identitätsentwicklung hat auch die Sozialisation der Mädchen und Jungen. Durch die immer größer werdende Zeitspanne, die Mädchen und Jungen in Kindergärten verbringen, spielen sich immer mehr Sozialisationserfahrungen innerhalb der Institution Kindergarten ab, die somit auch entscheidend Einfluss auf diesen Prozess nehmen kann.

Im 6. Kapitel werden verschiedene wichtige Bereiche der Kindergartenpädagogik daraufhin untersucht, welche Punkte hier unter Gender Mainstreaming Aspekten besonders wichtig erscheinen. Es werden Beispiele aus der Praxis angesprochen, die zu einem geschlechtergerechten Miteinander beitragen können.

Zum Abschluss erfolgt im 7. Kapitel eine Zusammenfassung der wichtigsten Ergebnisse/Erkenntnisse der vorliegenden Veröffentlichung.

Ein wichtiger, viel diskutierter Punkt ist die Frage nach der Professionalität bzw. Professionalisierung der Ausbildung und des Berufs der Erzieherinnen und Erzieher im Kindergartenbereich. Hier ist es insofern schon zu Veränderungen gekommen, dass es seit einiger Zeit zusätzlich zu den Fachschulen für Sozialpädagogik nun auch Bachelor Studiengänge „Frühe Kindheit" gibt, die sowohl von Erzieherinnen und Erziehern, wie auch von Abiturientinnen und Abiturienten belegt werden können. Dies spielt auch im Bezug auf die Implementierung von Gender Mainstreaming Prozessen eine wichtige Rolle. Hiermit beschäftigt sich dieses Buch nicht, da dieser Punkt Stoff genug für eine eigenes Buch enthalten würde und dies somit den Rahmen dieser Veröffentlichung sprengen würde. Dies gilt ebenso für die Änderungen in Nordrhein-Westfalen (NRW) durch die Einführung des

Kinderbildungsgesetzes (KiBiz) und die damit bevorstehenden Veränderungen, z. B. durch die Umgestaltung einer Vielzahl von Kindergärten zu Familienzentren.

Dieses Buch wurde explizit nicht in männlicher Form verfasst.

Es mag sein, dass dies dem besseren Verständnis und der besseren Lesbarkeit dienen würde, aber letztendlich ist das zumeist verwendete generische Maskulinum nur scheinbar neutral. Sprache an sich ist nicht neutral, sondern Teil des gesellschaftlichen Normen- und Wertesystems. In der Sprache spiegeln sich tradierte Werte und Normen wieder, denn in dieser sind männliche Ausdrucksformen dominant.

Gleichstellung der Geschlechter beinhaltet auch einen Wertewandel, der z. B. bewirkt hat, dass aus Studenten, Studierende werden und aus Ministern, Ministerien, was beides dazu führt, dass auch Frauen in diesen Positionen denkbar sind. [5]

Meiner Meinung nach verdeutlichen sich auch in dem unter vielen wissenschaftlichen Veröffentlichungen stehenden Satz: „Aufgrund der besseren Lesbarkeit wird in dieser Veröffentlichung die maskuline Form verwendet" die immer noch in der Gesellschaft immanenten, patriarchalen, männlichen Strukturen.

Aufgrund dessen bemühe ich mich auch sprachlich in diesem Buch um die gleichberechtigte Teilhabe von Frauen und Männern und versuche explizit Mädchen und Jungen, Frauen und Männer zu benennen, wenn diese gemeint sind.

---

[5] vgl. Genderkompetenzzentrum: Sprache, S.1, eingesehen am 29.08.06
www.genderkompetenz.info/genderkompetenz/handlungsfelder/spache.print.html.

2. Was bedeutet Gender Mainstreaming?

„Gender Mainstreaming bedeutet, bei allen gesellschaftlichen Vorhaben die unterschiedlichen Lebenssituationen und Interessen von Frauen und Männern von vornherein und regelmäßig zu berücksichtigen, da es keine geschlechtsneutrale Wirklichkeit gibt."[6]

Gender Mainstreaming ist kein völlig neues Konzept, sondern das Ergebnis eines etwa 30-jährigen Lernprozesses. Der Ansatz wurde 1995 bei der Weltfrauenkonferenz in Peking[7] diskutiert und ist seitdem ein allgemein anerkannter Politikansatz, der in vielen internatonalen Organisationen, wie z. B. der Weltbank und der Europäischen Union, umgesetzt wird. Im Sachverständigenbericht des Europarates von 1998 wird Gender Mainstreaming wie folgt definiert:

„Gender Mainstreaming besteht in der (Re)Organisation, Verbesserung, Entwicklung und Evaluation von Entscheidungsprozessen, mit dem Ziel, dass die an politischer Entscheidung beteiligten Akteure den Blickwinkel der Gleichstellung zwischen Frauen und Männern in allen Bereichen und auf allen Ebenen einnehmen"[8].

Ziel von Gender Mainstreaming ist die Gerechtigkeit im Verhältnis der Geschlechter. Gender Mainstreaming ist der Prozess, um Geschlechtergerechtigkeit herzustellen und umzusetzen.

---

[6] BMFSFJ (o.J.): Definition Gender Mainstreaming, Gender Mainstreaming net, eingesehen zuletzt am 24.08.07.

[7] In der Literatur wird sowohl der Name Peking, wie oftmals auch Beijing („Hauptstadt des Nordens") für die Hauptstadt der Volksrepublik China benutzt.

[8] vgl. Sachverständigenbericht des Europarats, 1998 u.a. zit. in: Deutscher Bundestag (Hrsg.)(2002): Schlussbericht der Enquete-Kommission; Globalisierung der Weltwirtschaft; Leske u. Budrich; Opladen, S.309-323, S.319.

2.1 Begriffsbestimmung

Der Begriff ‚Gender Mainstreaming‘ ist sowohl im deutschen wie auch im englischen Sprachgebrauch ein Begriff der neueren Geschichte, der erst Anfang der 1980er Jahre in Erscheinung trat. Die Definition dessen, was Gender Mainstreaming ist oder was mit diesem Begriff bezeichnet wird, ist schwierig, worüber bei den meisten Autorinnen und Autoren Einigkeit besteht. Carolin Callenius[9] vermutet, dass es so viele unterschiedliche Interpretationen des Gender Mainstreaming Begriffes gibt, da dessen formale Definition erst sehr spät erfolgte. Das Wort besteht aus zwei Bestandteilen: Gender und Mainstreaming. Im Englischen steht das Wort ‚mainstream‘ für den ‚Hauptstrom‘. Wenn etwas in den Mainstream kommt, bedeutet dies, dass es Teil wird von allen (wichtigen und scheinbar unwichtigen) (Entscheidungs-)Prozessen. Die angehängte „ing-Form“, für das Present progressive bedeutet, dass etwas gerade jetzt und in diesem Moment geschieht.

‚Gender‘ bedeutet übersetzt ‚Geschlecht‘. In der deutschen Sprache gibt es nur ein Wort für ‚Geschlecht‘ während im Englischen zwischen ‚sex‘, dem biologischen Geschlecht und ‚gender‘, dem sozialen Geschlecht differenziert werden kann. Somit bezeichnet der Begriff ‚Gender‘ ‚Geschlecht‘ „in der Vielfalt seiner sozialen Ausprägungen“[10].

Allerdings wird in den meisten Gesellschaften das biologische Geschlecht von Anfang an als entscheidend angesehen, da die Einordnung in eine der beiden Kategorien, männlich oder weiblich, schon direkt nach der Geburt erfolgt und das, obwohl die Einordnung teilweise nicht eindeutig möglich ist.[11]

---

[9] vgl. hierzu: Callenius, C. (2002): Wenn Frauenpolitik salonfähig wird, verblasst die lila Farbe; S.63-80.

[10] Gender Kompetenz-Zentrum: Definition:Was bedeutet Gender Mainstreaming ?, http://www.genderkompetenz.info/gm_strat_def.php, S.1, eingesehen am 01.01.2006.

[11] vgl. hierzu z.B.: Stiegler, B.(2002): Gender Macht Politik; 10 Fragen und Antworten zum Konzept Gender Mainstreaming; Friedrich Ebert Stiftung; Bonn, S. 19: Es ist hiernach wissenschaftlich belegt, dass die „Geschlechtsausbildung“ ein sehr anfälliger Prozess ist: „Drei von 1000 Neugeborenen weisen dann auch ‚Irritationen‘ auf, weil ihre

Da Menschen nicht losgelöst von ihrer sozialen Umwelt gesehen werden können, ist der Begriff ‚Gender‘ auch immer mitbestimmt von unterschiedlichen strukturellen Merkmalen von Individuen, wie z. B. Herkunft, Glaube, Lebensalter, Behinderung, sexuelle Orientierung und den unterschiedlichen Fähig- und Fertigkeiten, durch die menschliches Leben bestimmt wird. ‚Gender‘ als Bezeichnung für die Geschlechtsidentität bzw. Geschlechterrolle ist also sozial erlernt, kulturell konstruiert und bezeichnet darüber hinaus auch Frauen und Männer in ihrem Verhältnis zueinander, wodurch auch evtl. Hierarchien und Diskriminierungen erfasst werden können.

Nach Regina Frey wurde der Begriff ‚Gender‘ im sozialwissenschaftlichen, englischsprachigen Kontext erstmals in den 1960er Jahren, zunächst als ‚grammatikalischer Begriff‘, eingeführt. Der Psychoanalytiker Robert Stoller wandte 1968 den Begriff ‚Gender‘ in Abgrenzung zu ‚Sex‘ im Rahmen einer Untersuchung zur Unterscheidung der Geschlechtsidentität bei Patientinnen und Patienten an. Hierbei interessierten ihn vor allem Menschen, „die ‚falsche‘ oder ‚fehlende‘ sexuelle Merkmale"[12] aufwiesen, deren Sozialisation jedoch auf eine eindeutig männliche oder weibliche Rolle festgelegt war. 1972 wurde diese Unterscheidung von der britischen Soziologin Ann Oakley übernommen, die Frey wie folgt zitiert: „ ‚Geschlecht‘ ist ein Wort, das sich auf die biologischen Unterschiede zwischen männlich und weiblich bezieht (...) ‚Gender‘ hingegen ist eine Sache der Kultur: „Es bezieht sich auf die soziale Zuordnung von ‚maskulin‘ und ‚feminin‘“[13]. Nach Frey grenzt Oakley ‚Gender‘ auch dadurch von ‚Sex‘ ab, dass sie nochmals ausdrücklich daraufhin weist, dass zwar der Begriff Geschlecht beständig ist, ‚Gender‘ im Gegensatz dazu jedoch die Veränderlichkeit beinhaltet.[14] Dies ist eine ganz wichtige Entwicklung, da Oakley so „ein feministisches Instrument geschaffen [hat], an-

---

körperlichen Geschlechtsmerkmale nicht eindeutig sind."

[12] Frey, R. (2003): Gender im Mainstreaming, U. Helmer Verlag, Königstein, S. 31.

[13] Oakley, A. zitiert in: Frey, R. (2003): a. a. O.: S. 32.

[14] vgl.: Oakley, A. zitiert in: Frey, R (2003): a. a. O.: S. 31.

hand dessen die Zurückweisung der Rollenfestschreibungen aufgrund biologischer Faktoren"[15] möglich ist und der Gedanke der sozialen Konstruiertheit von Geschlecht hier mit einem Namen versehen wird.

Im Gegensatz zu ‚Sex‘, als biologisch bestimmte, (nicht) veränderbare Größe, wurde ‚Gender‘ von Anfang an als sozial-konstruiert und durch gesellschaftliche Prozesse wandelbar definiert. Nach Judith Lorber[16], ist es so, dass, wenn ‚Gender‘ als soziale Konstruktion verstanden wird, es sich bei ‚Sex‘ als biologischem Geschlecht, aber *auch* bei ‚Gender‘ um einen sozial entwickelten Status handelt, da „selbst die Biologie längst nicht eindeutige Klassifizierungen für das ‚biologische‘ (männliche *oder* weibliche) Geschlecht bereitstellt"[17]. Die Verschiedenheit zwischen Männern und Frauen sei eher gering und durch gesellschaftliche Zwänge den Individuen auferlegt. Gender ist so verstanden eine „Kategorie", wie z. B. auch Ethnizität oder Klasse. Da Gender jedoch in jeder Gesellschaft eine Rolle spiele, sei dies die wichtigste Kategorie.[18]

Ein weiterer Vorteil der sozial-konstruktivistischen Ansätze liegt darin, dass sie auf zwei Ebenen, nämlich der interpersonellen und der institutionellen Ebene ansetzen und hier die Dynamiken beschrieben werden, die zur gesellschaftlich festgelegten Zuschreibung von männlichen und weiblichen Rollen führen, welche dann stabil aufrecht erhalten werden.[19]

Ein Defizit sozial-konstruktivistischer Analysen ist es nach Meinung von Frey, dass politische und ökonomische Strukturen hier zu wenig berücksichtigt werden, wobei durch Lorbers 1999 erschienene ‚Gender-Paradoxien‘ dieses Problem Beachtung erfährt. Lorber versteht ‚Gender‘ als sehr umfassendes Konzept, als eine Art ‚soziale Institution‘ und führt ein neues Gender-

---

[15] Frey, R. (2003): a. a. O.: S. 31.
[16] vgl. Lorber, (1991, 7) zitiert in: Frey, R. (2003): a. a. O.: S. 55.
[17] Frey, R (2003): a. a. O.: S. 55.
[18] vgl. hierzu: Frey, R. (2003): a. a. O.: S. 55.
[19] vgl. hierzu: Frey, R. (2003):a. a. O.: S. 55.

Paradigma ein, wobei ihr Ziel darin besteht, ‚Gender‘ als Institution abzu-schaffen, um so bestehende Ungerechtigkeiten zu beseitigen. Lorber schreibt: ‚Gender‘ ist „[...] eine Institution, die die Erwartungsmuster für Individuen bestimmt, die soziale Prozesse des Alltagslebens regelt, in die wichtigsten Formen der sozialen Organisation einer Gesellschaft, also Wirtschaft, Ideo-logie, Familie, Politik, eingebunden und außerdem eine Größe an sich und für sich ist.“[20]. Das Paradoxon besteht nach Lorber darin, dass etwas, das über-wunden bzw. abgeschafft werden soll, zuerst einmal völlig sichtbar gemacht werden muss, bevor dies gelingen kann. Geschlecht ist keine Eigenschaft eines Individuums, sondern ein Element, das in sozialen Situationen ent-steht.[21] So gesehen ist Gender „eine Leistung, eine durch Verhalten in einem bestimmten Rahmen erreichte Eigenschaft“[22]. Sowohl Gender als auch Geschlecht können nach Lorber als sozial entwickelter Status angesehen werden. Zentraler Punkt der Diskussion um Geschlecht als soziales Konstrukt ist nicht die Thematisierung der Geschlechtszugehörigkeit als Eigenschaft oder Merkmal von Individuen, sondern Ziel ist es, die Prozesse genau zu be-trachten, „in denen ‚Geschlecht‘ als sozial folgenreiche Unterscheidung hervorgebracht und reproduziert wird“[23].

Dadurch, dass Gender sowohl kulturell, als auch historisch kein fest-stehender, sondern ein wandelbarer Begriff ist, ist dieser auch offen für Ver-änderungen. Traditionell erfolgen Zuweisungen von Frauen und Männern aufgrund ihrer Zugehörigkeit zu dem einen oder dem anderen Geschlecht in unterschiedliche und ungleich bewertete soziale Positionen. Die ‚Frauen‘ und die ‚Männer‘ werden stereotypisiert und vereinheitlicht. Die gesellschaftliche Wirklichkeit ist jedoch voller ganz unterschiedlicher Menschen, Männer und

---

[20] Judith Lorber, zitiert in: Frey, R. (2003): a. a. O.: S. 55.
[21] vgl. Def. West/Zimmermann, (1991) zitiert in: Rabe-Kleberg, U. (2004): a. a. O.: S. 67.
[22] Lorber zitiert in Frey, R. (2003): a. a. O.: S. 55.
[23] Gildemeister, R.(o.J.): Soziale Konstruktion von Geschlecht: Zur Einführung: S.1-16, S.2.

Frauen. Mit Gleichstellung ist deshalb gemeint, Zwänge traditioneller Positionszuweisungen aufzubrechen und damit Frauen und Männern Chancen für eine individuelle Lebensgestaltung zu eröffnen.[24] Gender Mainstreaming als Geschlechterpolitik betrifft also Frauen und Männer gleichermaßen, denn das Geschlechterverhältnis kann nur verändert werden, wenn sowohl bei den Männern als auch bei den Frauen angesetzt wird. Es geht hierbei sowohl um die Gleichstellung, das bedeutet gleiche Rechte, Pflichten, aber auch Chancen für Frauen und Männer, als auch um die Gleichwertigkeit von männlich oder weiblich konnotierten Tätigkeiten, Kompetenzen und Lebensverläufen.[25]

2.2 Rechtliche Grundlagen

Die politischen, wirtschaftlichen und sozialen Verhältnisse innerhalb einer Gesellschaft werden durch Rechtsnormen geregelt. Somit sind diese auch bestimmend für die Steuerung der Lebensbedingungen von Individuen und das Verhältnis zwischen den Geschlechtern.[26]

Wie diese Regeln in der Realität gestaltet werden, wie also die tatsächlichen sozialen Verhältnisse sind, hängt allerdings nur teilweise von diesen ab, da es, um dies zu erreichen, nicht nur zur Änderung der Rechtsnormen, sondern auch zu einer Veränderung der sozialen Normen und der sozialen Rahmenbedingungen kommen muss.[27] Obwohl schon 1979 in der UN-Konvention die Beseitigung aller Diskriminierungen gegenüber Frauen gefordert, und diese mittlerweile in 160 Ländern ratifiziert wurden[28], sieht die gesellschaftliche

---

[24] vgl. hierzu: Gender Kompetenz- Zentrum: Definition: Was bedeutet Gender Mainstreaming? S.1.
[25] vgl. hierzu: Döge, P.(2003): Von der Gleichstellung zur Gleichwertigkeit; S.38.
[26] vgl. hierzu: Cordes, M. (1996): Rechtspolitik als Frauenpolitik; S.33.
[27] vgl. hierzu: Cordes, M. (1996): a. a. O.: S.33/34.
[28] Convention on the Elemination of all forms of Discrimination against Women: Übereinkommen zur Beseitigung jeder Form von Diskriminierung von Frauen vom 18. Dezember 1979, am 17.7.1980 von der Bundesrepublik Deutschland unterzeichnet. (Zu-

Realität anders aus und es finden sich in den einzelnen Normen immer noch „sachliche Relikte der Ungleichheit,"[29] die zu einer rechtlichen Diskriminierung von Frauen führen. Das Geschlechterverhältnis ist immer noch hierarchisch strukturiert, unterdrückt Frauen und wertet sie ab, meint auch Jenny Huschke.[30]

Im Gegensatz zu bisherigen Formen der Gleichstellungspolitik kann Gender Mainstreaming hier, nach Meinung von Susanne Baer, Erfolge erzielen. Den Grund sieht sie darin, dass Gender Mainstreaming einen Wandel in der Frauenpolitik selbst indiziert[31]. Es geht bei Gender Mainstreaming nicht (nur) darum, für Geschlechterfragen zu sensibilisieren, sondern diese auf rechtlicher Ebene auch zu verankern, damit sie rechtlich durchsetzbar sind, denn weder „die Entscheidung, Gender Mainstreaming überhaupt zu betreiben, noch die Entscheidung, welche Einzelziele mithilfe der Instrumente des Gender Mainstreaming verfolgt werden, ist rechtlich gebundenen Akteuren freigestellt"[32].

Für die Bundesrepublik Deutschland besteht durch internationale Abkommen die Verpflichtung, die Einführung von Gender Mainstreaming zu prüfen und ein Umsetzungskonzept zu entwickeln.[33] Relevant ist hierfür CEDAW (Übereinkommen zur Beseitigung jeder Form von Diskriminierung von Frauen) oder auch Frauenrechtskonvention genannt. Hierin steht z. B., dass „die Vertragsstaaten der internationalen Menschenrechtspakte verpflichtet sind, die Gleichberechtigung von Mann und Frau bei der Ausübung

---

stimmung von Bundestag und Bundesrat am 25. 04.1985 durch Gesetz - BGBL. 1985, Serie II, S. 648) Hinterlegung der Ratifikationsurkunde beim Generalsekretär der Vereinten Nationen. Am 9.07.1985 für Deutschland in Kraft getreten.

[29] Cordes, M. (1996): a. a. O.: S.33.

[30] vgl. Huschke, J. (2002): AT A GLANCE; S. 17.

[31] vgl. Baer, S. (2002): Gender Mainstreaming als Operationalisierung des Rechts auf Gleichheit, S.43.

[32] Baer, S. (2002): a. a. O.: S.48.

[33] vgl. hierzu: Gender Kompetenz Zentrum: Rechtsgrundlagen, S.1 http://www.genderkompetenz.info/gm_r.php.

aller wirtschaftlichen, sozialen, kulturellen, bürgerlichen und politischen Rechte sicherzustellen"[34]. Diese Frauenrechtskonvention wurde von der Bundesregierung ratifiziert. Ratifiziertes internationales Recht erlangt in der Bundesrepublik Deutschland den Rang eines Gesetzes.[35] Im Grundgesetz der Bundesrepublik Deutschland ist im Art.3 neben dem Allgemeinen Gleichheitsgrundsatz[36] im Abs.2 auch die Gleichberechtigung von Frauen und Männern festgeschrieben.[37]

Abs.3 zählt Möglichkeiten auf, aufgrund dessen es zur Diskriminierung von Menschen kommen könnte und verbietet diese.[38] So wird durch das Gleichberechtigungsgebot des Abs.2 festgelegt, dass die natürliche Verschiedenheit der Geschlechter rechtlich nicht als Verschiedenheit gewertet werden darf und das spezielle Differenzierungsverbot aus Abs.3 weist noch einmal darauf hin, dass die Geschlechtszugehörigkeit eines Menschen nicht der Anlass für eine evtl. Ungleichbehandlung sein darf.[39] Abs.2 hat somit auch eine kompensatorische Bedeutung. Hiermit wird das Ziel verfolgt, in einer ungleichen Gesellschaft Gleichberechtigung herzustellen. Dies ist Aufgabe des Staates und kann nur erreicht werden, wenn männliche Privilegien abgebaut werden.[40]

In politischen Entscheidungsfindungsprozessen müssen Gender-Aspekte durchgängig Berücksichtigung finden. Hierbei handelt es sich nicht um eine

---

[34] Gleichstellung im internationalen Recht: CEDAW; http://www.gender-mainstreaming.net/gm/Wissensnetz/rechtliche-vorgaben,did=16740.html.

[35] Gender Kompetenz Zentrum: Rechtsgrundlagen, S.2
http://www.genderkompetenz.info/gm_r.php.

[36] GG, Artikel 3 (1): Alle Menschen sind vor dem Gesetz gleich.; Abs.1: generelles Diskriminierungsverbot.

[37] GG, Artikel 3 (2): Männer und Frauen sind gleichberechtigt. Der Staat fördert die tatsächliche Durchsetzung der Gleichberechtigung von Frauen und Männern und wirkt auf die Beseitigung bestehender Nachteile hin.

[38] GG, Artikel 3 (3): Niemand darf wegen seines Geschlechts, seiner Abstammung, seiner Rasse, seiner Sprache, seiner Heimat und Herkunft, seines Glaubens, seiner religiösen oder politischen Anschauung benachteiligt oder bevorzugt werden. Niemand darf aufgrund seiner Behinderung benachteiligt oder bevorzugt werden.

[39] vgl.: Cordes, M. (1996): a. a. O.: S.38.

[40] vgl.: Cordes, M. (1996): a. a. O.: S.39.

ungerechtfertigte Bevorzugung von Frauen. So wird nach Baer im Art. 141, Abs.4 des EG-Vertrags noch einmal extra betont, dass es durch die Förderung eines Geschlechts, welches benachteiligt ist, nicht zu einer Verletzung des Gleichheitsrechtes kommt, sondern es sich hierbei um Maßnahmen handelt, die dazu dienen, das Diskriminierungsverbot zu verwirklichen. Diese zeitweilige Bevorzugung des einen Geschlechts zum Ausgleich bestehender Nachteile wird auch als Kompensationsklausel bezeichnet.

In Deutschland liegen für die öffentlichen Bereiche (auf Bundesebene) rechtlich verbindliche Vorgaben zur Gleichstellung der Geschlechter vor, sodass es für die Politik verpflichtend geworden ist, diese in allen Bereichen auch unter dem Gesichtspunkt der Gleichstellung zu gestalten. Als erste Bundesländer begannen Niedersachsen und Sachsen-Anhalt 1998 Gender Mainstreaming in der Landesverwaltung und -politik umzusetzen, während Nordrhein-Westfalen erst am 21.11.2003 in einem Landtagsbeschluss Gender Mainstreaming zur gezielten und konsequenten Umsetzung der Gleichstellung der Geschlechter beschloss. In einem Kabinettsbeschluss vom 15.07.2003 erfolgte zuvor im Rahmen der Modernisierung der Landesverwaltung der Beschluss,Gender Mainstreaming in der Verwaltung umzusetzen. Ein Bericht zum Stand der Umsetzung wurde im April 2005 vorgelegt[41].

Ein rechtlich verbindliches Gleichstellungsgebot für die Wirtschaft gibt es jedoch (noch) nicht.[42] Des Weiteren wurde in Deutschland „die Aussage des Grundgesetzes, Frauen und Männer seien gleichberechtigt, über Jahrzehnte hinweg nicht wahrgenommen, also auch nicht judiziert, wissenschaftlich differenziert oder gar legislativ und administrativ implementiert"[43]. Eine Verpflichtung besteht nur für die Bundesregierung als Teilakteur in Europa.[44] In

---

[41]   vgl.: GM in NRW, eingesehen am: 02.09.2007:
       http://www.munlv.nrw.de/ministerium/gender_mainstreaming/gm_in_nrw/index.php.
[42]   vgl.: Baer, S. (2002): a. a. O.: S.44.
[43]   Baer, S. (2002): a. a. O.: S.44.
[44]   vgl. Baer, S. (2002): a. a. O.: S.50.

Artikel 2 des EG-Vertrages steht, dass es die Aufgabe der Gemeinschaft ist, durch die Errichtung eines gemeinsamen Marktes und einer Wirtschafts- und Währungsunion sowie durch die Durchführung der in Artikel 3 und Artikel 4 genannten gemeinsamen Politiken und Maßnahmen in der Gemeinschaft die Gleichstellung von Männern und Frauen zu fördern.[45] Zugleich soll gemäß Artikel 3 des EG-Vertrages die Gemeinschaft darauf hinwirken, „Ungleichheiten zu beseitigen"[46]. Bei diesen Regeln handelt es sich um die juristische Fassung dessen, was in der Politik unter dem Begriff Gender Mainstreaming diskutiert wird.[47]

Diese Aussagen sind nach Susanne Baer nicht neu und somit sieht sie das „Veränderungspotenzial" von Gender Mainstreaming für die Rechtspolitik in den „Formen der Rechtsumsetzung und Rechtsdurchsetzung"[48]. Der bisherige Zuschnitt der unterschiedlichen Politikfelder lässt jedoch Geschlechterfragen nicht zur Querschnittsaufgabe werden. Diese Veränderungen sind aber zur Umsetzung der rechtlichen Vorgaben zwingend notwendig. Deshalb muss es im Rahmen von Gender Mainstreaming zu einer Umgestaltung der Politik(felder) kommen.

Im Europarecht sind die grundlegenden geschlechterpolitischen Bestimmungen in den Gemeinschaftsverträgen festgeschrieben. Allen europäischen Organen ist verbindlich vorgeschrieben, Gleichstellung von Anfang an „mitzudenken" und zu „fördern". Grundsätzlich ist es so, dass Gender Mainstreaming in die Grundstrukturen (z. B. der Organisation) integriert und somit immer und in alle Überlegungen mit einbezogen werden sollte.

So wie Gender Mainstreaming als ein „Prozess im Kontext" gesehen werden muss, „prägt Recht [auch nur] den Rahmen des Gender Mainstreaming, nicht

---

[45] vgl. Baer, S. (2002): a. a. O.: S.50
[46] vgl. Baer, S. (2002): a. a. O.: S. 50.
[47] vgl. Baer, S. (2002): a. a. O.: S.50.
[48] Baer, S. (2002): a. a. O.: S.46.

aber jeden einzelnen Schritt und jedes einzelne Ergebnis"[49]. Neben dem europäischen Recht sind Gesetzgeber, Gerichte und Verwaltungen in Deutschland auch an das nationale Verfassungsrecht gebunden.[50] Nach der Verfassungsreform 1994 ist zusätzlich zum Diskriminierungsverbot auch ein Förderauftrag im Grundgesetz verankert. Es handelt sich also um eine Doppelstrategie, die Diskriminierungen verbietet und Benachteiligungen von Männern und Frauen zusätzlich durch einen Förderauftrag abbauen soll. Seit dem 14.08.2006 ist das Allgemeine Gleichstellungsgesetz (AGG) in Kraft getreten. Dieses sieht auch für die private Wirtschaft ein rechtlich unmittelbar verbindliches Gleichstellungsgebot vor.

Wie bereits erwähnt, ist es so, dass Politik(felder) so gestaltet sind, dass „Geschlechterfragen und insbesondere Frauenfragen, als Querschnittsfragen nicht angemessen berücksichtigt"[51] werden, was sich dann auch in dem Zuschnitt der Regelungen zeigt. Gender Mainstreaming muss deswegen auch langfristig zum Ziel haben, diese Zuschnitte zu verändern. Während Recht auf der einen Seite ein Mittel zur Durchsetzung von Gender Mainstreaming ist, kann Gender Mainstreaming auf der anderen Seite auch als ein Prozess gesehen werden, „der es ermöglichen soll, rechtspolitische Maßnahmen informiert und zielgerichtet ergreifen zu können"[52]. Hieraus folgt für das politische Handeln, dass Frauen und Männer in ihrer Unterschiedlichkeit wahrgenommen werden müssen.

---

[49] Baer, S. (2002): a. a. O.: S.48.
[50] Baer, S. (2002): a. a. O.: S.51.
[51] Baer, S. (2002): a. a. O.: S.59.
[52] Baer, S. (2002): a. a. O.: S.61.

2.3 Zur Entstehungsgeschichte von Gender Mainstreaming

Entstanden ist Gender Mainstreaming in der Debatte der Frauen um die Entwicklungspolitik, während die Wurzeln in der Frauenpolitik selbst liegen. Diese frauenpolitischen Wurzeln spielen für die Einschätzung des Konzeptes eine entscheidende Rolle, da sich hierin die Herkunft verdeutlicht. Gender Mainstreaming ist „keine Erfindung von wohlwollenden männlich denkenden Führungskräften", sondern Gender Mainstreaming versucht, die Interessen derer zu vertreten, „die sich in den Politbürokratien und deren Output nicht wiederfinden."[53]

2.3.1 Geschichtliche Entwicklung

Wiederfinden können sich „Gender Mainstreaming-Spurensuchende" in einem Dickicht von Ansätzen, Paradigmen und Strategien, die seit den 1970er-Jahren entstanden sind.[54] Und auch nach Carolin Callenius handelt es sich bei Gender Mainstreaming nicht um ein völlig neues Konzept, sondern vielmehr um das Ergebnis eines etwa 30-jährigen, schrittweisen Lernprozesses, der durch das Zusammenwirken von internationaler Frauenbewegung und Entwicklungsinstitutionen entstand. Da Entwicklungsinstitutionen in der Regel grundsätzlich zum Ziel haben, Veränderungen zu erreichen, stehen diese Gender Mainstreaming besonders aufgeschlossen gegenüber.

Zu Beginn der Entwicklungszusammenarbeit, wie sie heute praktiziert wird, spielten Frauen, abgeleitet von den westeuropäischen kulturellen Vorstellungen, noch gar keine Rolle. Es ging nur um die Männer. Die Zielgruppe, an die Entwicklungsprojekte gerichtet waren, wurde zumeist noch nicht

---

[53] Stiegler, B.(2002): Gender Mainstreaming; Postmoderner Schmusekurs oder geschlechterpolitische Chance? Friedrich Ebert Stiftung, Bonn, S.5.
[54] vgl. Frey, R. (2004): Entwicklungslinien: Zur Entstehung von Gender Mainstreaming in internationalen Zusammenhängen; S. 24.

geschlechtsspezifisch unterschieden, sondern es wurde von der in Europa vorherrschenden Rollenverteilung ausgegangen. So wurde z. B. ‚übersehen', dass Feldarbeit (Nahrungsmittelanbau) in großen Teilen Afrikas keine Aufgabe der Männer, sondern der Frauen ist. Die diesbezüglichen Maßnahmen waren jedoch für Männer und nicht für Frauen konzipiert. Frauen wurden nur in ihrer Rolle als Hausfrau und Mutter angesprochen[55] und gar nicht in einer anderen Funktion wahrgenommen. In den 1970er Jahren wurde von Akademikerinnen festgestellt, dass die Entwicklungshilfemaßnahmen so zu sagen ‚an den Frauen vorbei' gingen, da die Konzepte nicht auf die Bedürfnisse afrikanischer Frauen zugeschnitten waren, sondern, wie schon erwähnt, das eurozentrierte Familienbild projizierten. 1970 veröffentlichte Ester Boserup das Buch „Women's Role in Economic Development", in welchem die Autorin die ökonomische Rolle der Frau in Afrika, Asien und Lateinamerika verglich. In ihrem Buch weist sie nach, dass „die Modernisierungsbemühungen der [19]60er-Jahre Frauen ausgeschlossen und sie somit in vielen Regionen der Erde im Effekt sogar schlechter gestellt"[56] haben. Durch diese Veröffentlichung wurde die dänische Ökonomin, Agrar- und Bevölkerungswissenschaftlerin zur „Begründerin einer Gender-orientierten Entwicklungsforschung."[57] Boserup stellte innerhalb der internationalen Organisationen, die mit Entwicklungskonzepten befasst waren, zu diesem Zeitpunkt noch ungewöhnlich erscheinende Fragen z. B. danach, wie sich Familienstrukturen, geschlechtsspezifische Arbeitsteilung und Ökonomie wechselseitig beeinflussen. Sie wies nach, dass diese Perspektive, „sowohl für das politische Verständnis von Modernisierungsprozessen als auch für die

---

[55] vgl. hierzu: Callenius, C. (2002): Wenn Frauenpolitik salonfähig wird, verblasst die lila Farbe, S.65.
[56] Frey, R. (2004): a. a. O.: S. 26.
[57] Braig, M. (2001): in: E+Z – Entwicklung und Zusammenarbeit: Ester Boserup (1910-1999) Die ökonomische Rolle der Frau sichtbar machen, S.36-39; Online-Text, S.8.

entwicklungspolitische Praxis relevant sei"[58]. Das Buch hatte nach Meinung von Marianne Braig für die Frauenpolitik durchaus widersprüchliche Konsequenzen: Der Fokus des UN-Frauensekretariats veränderte sich von der bis dahin wesentlichen Konzentration auf das Durchsetzen gleicher Rechte für Frauen und Männer zu damals populären Themen, wie zum Beispiel die „Integration der Frauen in die wirtschaftliche Entwicklung und die Familienplanung, [um diesen] Gehör in der internationalen Politik zu"[59] verschaffen. Dies kann als die Geburtsstunde der Diskussion um Frauen in der Entwicklungszusammenarbeit bezeichnet werden.

Die erste Weltfrauenkonferenz fand im Sommer 1975 in Mexiko-Stadt statt. Diese Weltfrauenkonferenz markiert den Zeitpunkt des Beginns der ersten UN-Frauendekade, die sich mit ‚Frauen und Entwicklung' auseinandersetzte. Auch die Entwicklungsinstitutionen griffen das Thema auf und versuchten so, durch staatliche Maßnahmen, die sowohl rechtliche als auch wirtschaftliche Gleichstellung von Frauen und Männern zu erreichen, aber auch „Frauen den Zugang zu Projektaktivitäten"[60] zu ermöglichen. Bekannt wurde dieser Ansatz unter der Bezeichnung ‚Women in Development', WID (Integration von Frauen in den Entwicklungsprozess). Ziel des WID-Ansatzes war einerseits die rechtliche und wirtschaftliche Gleichstellung von Frauen und Männern und anderseits die Ermöglichung des Zugangs zu den Projektaktivitäten für Frauen. Im Rahmen des WID-Ansatzes wurden sowohl in staatlichen, als auch nicht-staatlichen Organisationen „WID-Desks" eingerichtet. „WID-Desk" ist die Bezeichnung für Strukturen, die für die Frauenprojekte und – komponenten verantwortlich waren.[61]

Als positiv zu betrachten ist hieran, dass Frauenorganisationen so eine anhaltende Unterstützung erfuhren. Nach Callenius wurde jedoch später

[58] Braig, M. (2001): a. a. O.: S.10.
[59] Braig, M. (2001): a. a. O.: S.10.
[60] vgl. hierzu: Callenius, C. (2002): a. a. O.: S.65.
[61] vgl. hierzu: Callenius, C. (2002): a. a. O.: S.65 und Frey, R. (2004): a. a. O.: S.26.

kritisiert, dass die meisten Projekte, die im Rahmen des WID-Ansatzes initiiert wurden, sehr klein waren und auch die Frauenreferate mehr ein „Nischendasein" geführt hätten. Des Weiteren kam es durch viele dieser Projekte eher noch zu einer Verschlechterung der Arbeitsbedingungen von Frauen durch eine Erhöhung der Arbeitsbelastung. Die angestrebte Veränderung der Machtbeziehung zwischen Frauen und Männern blieb ebenfalls aus. Nach Frey führte die Fokussierung auf Frauen sogar vielmehr dazu, dass Männer in Entwicklungsprozessen aus ihrer sozialen Verantwortung herausgenommen wurden.

Anvisiert wurde nun, dieses „Nischendasein" zu beenden. Ganz deutlich zeigte sich dies 1985 im Rahmen der dritten Weltfrauenkonferenz, die in Nairobi stattfand. Hier wurde im Abschlussbericht festgelegt, dass Frauen ein integraler Bestandteil des Definitionsprozesses von Zielen und der Gestaltung von Entwicklung sein sollten. Unterstützt und identifiziert werden sollten hierfür organisatorische und andere Mittel, die Frauen befähigen, ihre Interessen und Präferenzen in die Auswertung und Wahl von alternativen Entwicklungszielen einzubringen. Die notwendigen spezifischen Maßnahmen sollten hierfür konzeptionell so gestaltet sein, dass die Autonomie von Frauen gesteigert wird, um so Frauen auf gleicher Basis mit Männern in den Mainstream des Entwicklungsprozesses zu bringen.[62] Diese Forderung nach der Integration und Teilhabe von Frauen in/am Mainstream, auf der gleichen Basis mit Männern, war nach Regina Frey der erste Schritt in Richtung Gender Mainstreaming.

Verbreitung erfuhr das Gender Mainstreaming Konzept durch das UN-System und hier vor allem durch die schon erwähnte Weltfrauenkonferenz. Die EU bemühte sich zwar auch schon seit 1975, eine Gleichstellungspolitik umzusetzen, jedoch war diese anfangs eher bruchstückhaft.

Während das erste Aktionsprogramm für Chancengleichheit 1982 be-

---

[62] vgl. hierzu: United Nations (1986), S.30 zitiert in:Frey, R. (2004): a. a. O.: S.26.

schlossen wurde, waren die ersten Gender Mainstreaming Bemühungen erst ab Anfang der 1990er Jahre zu vernehmen.[63]

Auch nach Meinung von Callenius kam es in den 1980er Jahren zu einer Verbreiterung des Diskurses, wobei hier ihrer Meinung nach das feministische Netzwerk des Südens DAWN (Development Alternatives with Women for a New Era), das seit 1984 zu globalen Problemen aus Frauensicht Stellung bezieht, eine wichtige Rolle spielte. Von diesem wurde, ebenfalls 1985 in Nairobi, für eine frauengerechte Entwicklung der Anspruch auf eine Veränderung der Machtverhältnisse zwischen Männern und Frauen erhoben. Unter dem Schlagwort „Empowering ourselves through organisation" unterstützte bzw. forderte der Empowerment-Ansatz Organisationen und Netzwerke ausschließlich für Frauen. Durch den Empowerment-Ansatz sollten „Frauen als soziale Gruppe" gestärkt werden. Callenius schreibt, dass es darum ging, die „soziale und individuelle Verhandlungsmacht von Frauen" zu stärken, um Bedürfnisse artikulieren und auch politisch einfordern zu können. Langfristig würde das zu gesellschaftlichen Veränderungen führen.[64]

Die UN-Frauendekade gab nach Callenius auch den Anstoß für die Beauftragung des Institutes für Entwicklung an der Harvard-Universität, ein Konzept zur besseren Integration von Frauen zu entwickeln. Hierbei bedienten sie sich des „Sex-Gender-Systems" von Gayle Rubin und Ann Oakley. Frey zitiert hier die Definitionen Rubins nach Nicholson wie folgt:

„Ein >sex/gender system< ist eine Reihe von Übereinkünften, auf Grundlage derer eine Gesellschaft biologische Sexualität in Produkte menschlicher Aktivität umwandelt und in welcher diese transformierten sexuellen Bedürfnisse befriedigt werden."[65]

Frey schreibt weiter, das nach Oakley das sex/gender-system „(...) der Teil des

---

[63] vgl. Frey, R. (2004): a. a. O.: S.32.
[64] vgl. Callenius, C. (2002): a. a. O.: S.66.
[65] vgl. Rubin zit. nach Nicholson 1997, 28 in: Frey, R. (2003): a. a. O.: S.32.

sozialen Lebens [ist], welcher den Ort der Unterdrückung der Frauen, der sexuellen Minderheiten und bestimmter Aspekte menschlicher Persönlichkeiten innerhalb von Individuen" darstellt. Oakley bezeichnet diesen Teil des sozialen Lebens „aus Ermangelung eines eleganteren Begriffes, als das „sex/gender-system"[66].

Zusätzlich zu diesem Integrationskonzept wurde für die Umsetzung ein Analyserahmen erstellt. Entwickelt wurde eine Form der Genderanalyse, die es im Prozess der Entwicklungszusammenarbeit ermöglicht, die Geschlechterverhältnisse fortlaufend zu berücksichtigen. Analysiert werden die Arbeitsteilung zwischen Männern und Frauen, der Ressourcenzugang von Männern und Frauen und die jeweiligen Zugangs- und Entscheidungsmöglichkeiten. Hierdurch sollen Verbesserungen in der Planung erreicht werden. Eine Verbindung dieses Ansatzes mit den Forderungen nach einer Veränderung der Geschlechterverhältnisse stammt von Caroline Moser und wurde im Auftrag der Weltbank 1993 erstellt. Es handelt sich um zwei Konzepte. Im ersten Konzept unterscheidet Moser praktische Bedürfnisse (alles, was Männer und Frauen aufgrund ihrer Geschlechterrolle benötigen) und strategische Interessen, welche auf die Veränderung der Machtverhältnisse zielen (z. B. Anerkennung von nichtbezahlter Arbeit, politische Mitsprache).

Das zweite Konzept ist eine Aufgabensystematisierung. Hier unterteilt Moser nach Callenius drei Bereiche: Produktion, Reproduktion und gemeinschaftliche Aufgaben. Werden alle diese Punkte gemeinsam berücksichtigt, wird deutlich, welchen Anteil Frauen in den verschiedenen Bereichen bereits haben. Dadurch kann auch deutlich werden, dass Frauen Aufgaben z. B. im öffentlichen Bereich übernehmen können, wenn sie in einem anderen Bereich, z. B. bei der Hausarbeit und Kinderbetreuung, entlastet werden.

Es kam zu einer Veränderung der Perspektive: Das Analyseraster und die Diskussion der Frauen führte Anfang der 1990er Jahre zur Entwicklung von GAD

---

[66] vgl. Rubin zit. nach Nicholson 1997, 28 in: Frey, R. (2003): a. a. O.: S.32.

(Gender and Development), der sich in Abgrenzung zu WID definierte. Während WID (nur) eine extra Unterstützung der Frauen zum Ziel hatte, wollte GAD das Verhältnis zwischen den Geschlechtern verändern. Durch den Begriff „Gender" wurde eine herrschaftskritische Stellung bezogen. Das Hauptargument, welches in nahezu allen Texten zum Paradigmenwechsel von WID zu GAD angeführt wird, ist, dass der Fokus allein auf Frauen Grenzen habe, (WID betrachtet Frauen nur isoliert). Mit Hilfe von GAD können die Grenzen überwunden werden. Die Unterschiede, die zwischen den Geschlechtern existieren, sollen sichtbar gemacht und anerkannt werden, um dann aufgehoben werden zu können. „Der Gender-Ansatz hat den Anspruch, das gesamte Tätigkeitsspektrum einer Organisation, vor allem bezogen auf seine Programme und Projekte, frauengerecht auszugestalten. [...] Gender Mainstreaming stellt also die institutionalisierte Verankerung des Gender-Ansatzes dar"[67]. Die Frauen erkannten, dass Gender in der Entwicklungs-politik (gegen Armut) nicht ausreicht, da globale und wirtschaftliche Prozesse immer wieder zu einer weiteren Einschränkung für Frauen führen. Bei der 3. Weltfrauenkonferenz 1985 war der Gender-Begriff noch weitgehend un-bekannt. 1995 gelangte das Konzept auf der 4. Weltfrauenkonferenz in Peking in den politischen Diskurs in Deutschland und in der EU.[68] Das Abschluss-dokument dieser Konferenz (die Pekinger Aktionsplattform (APF)) ist zwar völkerrechtlich nicht bindend, allerdings verpflichteten sich die unter-zeichnenden Staaten, mit strategischen Zielen und Maßnahmen in zwölf Themenbereichen dazu weitgehende Maßnahmen zur Verbesserung der Situation von Frauen einzuführen[69], wobei der Begriff Gender Mainstreaming nicht verwendet wird.

Gender Mainstreaming wurde direkt nach der 4. Weltfrauenkonferenz „als

---

[67] vgl. Callenius, C. (2002): a. a. O.: S.68.
[68] vgl. Callenius, C. (2002): a. a. O.: S.68.
[69] vgl. Frey, R. (2004): a. a. O.: S.31.

EU-Richtlinie für alle Mitgliedsstaaten für verbindlich erklärt und auch vom Bundeskabinett in seinem Beschluss vom 23.06.1999 als strukturiertes Leitprinzip anerkannt"[70]. Nach Frey geht die Interpretation der APF allein als Grundlage für Gender Mainstreaming jedoch nicht weit genug, da so „die weitreichenden programmatischen Anforderungen, [die] das Dokument frauenpolitisch an Regierungen stellt"[71], nicht anerkannt werden. Seine Funktion hat das Dokument jedoch bis heute dadurch, dass es als Maßeinheit für eine kritische Bewertung der Geschlechterpolitik der verschiedenen Regierungen dient.

Im Jahr 2000 wurde auf einer UN-Sondergeneralversammlung in Amsterdam die Umsetzung der APF überprüft. Schon im Vorfeld legten Frauen-Nichtregierungsorganisationen (NGO´s)[72], auch in Deutschland, sogenannte Schattenberichte vor, die einen kritischen Kommentar zu den jeweiligen offiziellen Umsetzungsberichten lieferten. In diesen war die Forderung nach einer Doppelstrategie enthalten: Auf der einen Seite sollten Frauenförderung und Empowerment von Frauen und auf der anderen Seite Gender Mainstreaming verfolgt werden. Das von DAWN vorgelegte Positionspapier zur Konferenz wies noch einmal darauf hin, wie wichtig gerade das Empowerment sei.

Des Weiteren wurde kritisiert, dass es nicht mehr ausreicht, von Frauen in Entwicklung (WID), Frauen und Entwicklung (WAD) oder gar Gender und Entwicklung (GAD) zu sprechen, da ein Umverteilungsprozess keine ausreichende Antwort auf die globale ökologische und soziale Krise sei.[73] Zusätzlich zur Umverteilung muss es zur Anerkennung kommen.

---

[70] Meyer, D. (o.J.): Gender Mainstreaming als Zukunftsressource S.32-38, S.32.
[71] Frey, R.: (2004): a. a. O.: S.32.
[72] Englisch: NGO: Non Gouvernement Organisation: Deutsch: NRO: Nichtregierungsorganisationen.
[73] vgl. DAWN 1996, S.109 zitiert in Frey, R. (2004): a. a. O.: S.32.

2.3.2 Begriffswandel: Von der Frauen- zur Geschlechterforschung

Seit den 1990er Jahren ist ein begrifflicher Wandel auch in den feministischen Sozialwissenschaften zur Grundkategorie ‚Geschlecht' festzustellen, durch welche die vorher zumeist verwendeten Begriffe wie ‚Frauen' oder ‚weiblicher Lebenszusammenhang' ersetzt wurden. Es ist zu einem Perspektivwechsel von dem alleinigen Blick auf Frauen zur Erforschung von Geschlechterverhältnissen gekommen. Damit soll verdeutlicht werden, dass das Sichtbarmachen von möglichen Besonderheiten weiblicher Lebenszusammenhänge nur im Vergleich gelingt und zwar im Vergleich zu den männlichen Lebenszusammenhängen.

So kommt Frauengeschichte, wenn sie methodisch reflektiert und wissenschaftlich fundiert erarbeitet wird, nicht darum herum, sich als Geschlechtergeschichte zu verstehen. Selbst wenn bei einer Untersuchung nur eine bestimmte Gruppe von Frauen betrachtet wird, müssen diese Frauen dennoch immer auch als Menschen weiblichen Geschlechts und damit in Beziehung zum männlichen Geschlecht gedacht und beobachtet werden. Sowohl Frauen, als auch Männer sind Teil der jeweils gültigen kulturellen Ordnungen, deren bislang hierarchisch konstruierte Geschlechterverhältnisse noch alle gesellschaftlichen Bereiche durchdringen.[74]

Frauen und Männer sind selbst Teil der gesellschaftlichen Ordnung, welche hierarchische, Männer bevorzugende und Frauen benachteiligende Strukturen enthält und immer wieder neu produziert. Diese ‚Geschlechterordnung' ist in die gesellschaftlichen Strukturen eingelassen bzw. liegt unter diesen Strukturen. Ziel der Geschlechterforschung ist es, geschlechtsspezifische Benachteiligungen aufzudecken. Hierbei geht es nicht darum, dass die Geschlechterforschung die Frauenforschung ersetzt, sondern vielmehr

---

[74] vgl. Hausen, K.; Wunder, H. (1992): Frauengeschichten – Geschlechtergeschichten; Campus Verlag, Frankfurt a.M. zitiert in Peinl, I. (o.J.): Einführungsvorlesung zum Thema: „Geschlechter/Gender als Kategorie in den Sozialwissenschaften". S.9-20, S.13.

darum, zur institutionellen Verankerung eines breitest möglichen Spektrums an Geschlechterforschung, bestehend aus Frauen-, Männer- und Geschlechterforschung, zu gelangen.[75]

Geschlechterforschung erfordert die Analyse der sozialen Bedingungen, unter denen Frauen und Männer in der Gesellschaft zueinander in Beziehung treten. Vor allem drei Analysedimensionen der Kategorie Geschlecht stehen zur Untersuchung der unterschiedlichen Beziehungen zwischen den Geschlechtern zur Verfügung und werden zentral diskutiert: Geschlecht als soziales Verhältnis, Geschlecht als soziale Konstruktion und Geschlecht als Strukturkategorie.

2.3.2.1 Geschlecht als soziales Verhältnis

Werden Bevölkerungsgruppen in ihrer gesellschaftlichen Abhängigkeit betrachtet, kann dies als soziales Verhältnis bezeichnet werden. So gesehen handelt es sich beim Geschlechterverhältnis um eine soziale Organisationsform. Enthalten sind hier die „ökonomischen, politischen, wie kulturellen Trennlinien und Grenzziehungen zwischen Männern und Frauen", ebenso „wie die damit verbundenen Aneignungs- und Verfügungsmodi über gesellschaftliche Ressourcen (Zeit, Bildung, Einkommen)".[76] Eine geschlechtersensible Theoriebildung und Forschung verdeutlicht die allem zugrunde liegende Bedeutung der Geschlechterordnung, womit soziale Phänomene verständlich und geschlechterdemokratische Überlegungen möglich werden.

Die aus der neuen Frauenbewegung hervorgegangene Frauenforschung hat zu einer veränderten Sichtweise des vermeintlich ,geschlechtsneutralen Menschen' und der ebenso nur scheinbaren ,Geschlechtsneutralität wissenschaftlicher Analysen' geführt. Der soziale Austausch zwischen den Ge-

---

[75] vgl. Maihofer, A. (2003): Von der Frauen- zur Geschlechterforschung, S.135-145, S.135.
[76] Peinl, I. (o.J.): Einführungsvorlesung zum Thema: „Geschlechter/Gender als Kategorie in den Sozialwissenschaften". S.9-20, S.15.

schlechtern ist komplex und findet auf zwei verschiedenen Ebenen, der häuslichen und der außerhäuslichen Ebene, statt. Beide beeinflussen sich wechselseitig. Grundlage des Geschlechterverhältnisses sind ein versachlichtes, gesellschaftliches Ordnungsprinzip ebenso, wie persönliche Abhängigkeiten. Das Konzept der doppelten Vergesellschaftung von Frauen ist aus der Betrachtung der Kategorie Geschlecht als soziales Verhältnis entstanden. Die Wirkung der Strukturkategorie Geschlecht lässt sich am Beispiel der geschlechtsspezifischen Arbeitsteilung verdeutlichen.

Hiernach ist es in unserer Gesellschaft zu einer keineswegs natürlichen Teilung bzw. Trennung zwischen der ,öffentlichen Erwerbsarbeit‘ und der ,privaten Reproduktionsarbeit‘ gekommen. Diskutiert wird dies unter dem Begriff der ,doppelten Vergesellschaftung von Frauen‘. Als ,Vergesellschaftung‘ wird der Prozess, der Individuen zu Mitgliedern der Gesellschaft macht, bezeichnet.[77] Feministinnen begannen seit den 1970er Jahren unter dem Schlagwort: Vergesellschaftung impliziert Vergeschlechtlichung, die zwischen den Geschlechtern bestehenden sozialen Ungleichheiten in ihren unterschiedlichen Ausprägungen zu untersuchen.[78] Der Begriff der doppelten Vergesellschaftung von Frauen wurde von Regina Becker-Schmidt geprägt. Mit dem Begriff wird zum Ersten versucht auszudrücken, dass die Einbindung von Frauen in soziale Zusammenhänge über zwei unterschiedliche und in sich widersprüchliche Praxisbereiche geschieht. Doppelte Vergesellschaftung ist zum Zweiten durch zwei Kriterien sozialer Gliederung gekennzeichnet, nämlich Geschlecht und soziale Herkunft. Drittens ist hierin auch eingeschlossen, dass die Eingliederung in die Gesellschaft, die soziale Verortung und psychosoziale Strukturierung beinhaltet.[79] Schon im Kindergartenalter ,lernen‘ Mädchen zunehmend, ihre Spiele nicht darauf zu be-

---

[77] vgl.: Becker-Schmidt, R. (2003): Zur doppelten Vergesellschaftung von Frauen, S.1-18, S.2.
[78] vgl. Becker-Schmidt, R. (2003): a. a. O.: S.12.
[79] vgl. Becker-Schmidt, R. (2003): a. a. O.: S.14.

schränken, was der ihnen zugeschriebenen weiblichen Rolle entspricht, sondern tun zusätzlich auch Dinge, die eher Jungen zugeordnet werden, da sie merken, dass hierdurch Anerkennung erlangt werden kann.

Ein wichtiger Punkt, der der Vergesellschaftung zugrunde liegt, ist die Sozialisation. Gemeint ist hiermit in diesem Falle, dass Frauen nicht nur für reproduktive Aufgaben, wie die Versorgung von Kindern und Haushalt für zuständig erklärt werden, sondern auch Berufsarbeit leisten. Hausarbeit und Erwerbsarbeit sind zwar voneinander getrennt, beeinflussen sich jedoch wechselseitig und müssen von Frauen geschickt miteinander vereinbart werden. Dies setzt Frauen in traditionellen Familienstrukturen einer Doppelbelastung aus, da diese familiale Aufteilung zu ihren Lasten geht. Hierdurch haben sie nur eingeschränkt die Möglichkeit, an der außer Haus stattfindenden Erwerbsarbeit oder anderen Aufgaben im öffentlichen Bereich teilzunehmen.

Im Gegensatz zu Jungen sind Mädchen von der geschlechtlichen Arbeitsteilung doppelt betroffen. Sie erleben die Autoritätsverteilung in der Beziehung zugunsten ihres Vaters und zulasten ihrer Mutter. Und obwohl immer mehr Mütter erwerbstätig sind, übernehmen sie den größten Teil der Hausarbeit und Kindererziehung zugunsten des beruflichen Fortkommens des Mannes, dessen ‚Karriere' schon zumeist allein aus finanziellen Gründen Vorrang hat. Zudem werden Mädchen häufiger als Jungen von ihren Müttern zur Mithilfe im Haushalt herangezogen, was für diese insofern ein Problem darstellt, dass sie sich auf der einen Seite mit ihrer Mutter solidarisch erklären, auf der anderen Seite aber auch von ihr abgrenzen wollen. [80]

Problematisch ist jedoch für Mädchen auch die Beziehung zum Vater, wobei dieser dadurch, dass beide Geschlechter, Mädchen und Jungen sich auf der Suche nach „sozialer Bestätigung von außen" befinden, auch für Mädchen zur „Leitfigur" wird. Demgegenüber kann die Mutter dem Mädchen als Vorbild

---

[80] vgl. Becker-Schmidt, R. (2003): a. a. O.: S.15.

und Identifikationsfigur sowohl in ihrer Rolle als „Familienfürsorgerin" als auch in einer von ihr ausgeübten Berufstätigkeit dienen.[81]

Zudem haben Frauen auch öfter als Männer Probleme durch Unregelmäßigkeiten in der Familien- und Berufsplanung:[82] Ihre „Arbeitsbiografien" enthalten wesentlich häufiger als die von Männern Störungen, verursacht z. B. durch Aus- und Wiedereinstiege nach der Familienphase. Hierdurch geht Kontinuität verloren. Durch diese Störungen werden Routinen gefährdet, die Frauen ausbilden, um die unzusammenhängenden Anforderungsstrukturen ihres Arbeitsalltags organisieren und bewältigen zu können.[83] Im Gegensatz zu den Mädchen orientieren sich Jungen nicht an männlichen *und* weiblichen Vorbildern, weshalb es ihnen wesentlich schwerer fällt, sich mit weiblich dominierten Berufs- und Praxisfeldern zu beschäftigen.[84]

Durch die hierarchische Organisation des Geschlechterverhältnisses bedingt, dominieren die Männer im Erwerbs- und Familienbereich, denn „der – an der männlichen Normalbiografie ausgerichtete – Erwerbsbereich ist der Institution Familie als zentralem weiblichen Lebensraum übergeordnet."[85]

Die männliche Dominanz zeigt sich auch in den Strukturprinzipien der Sozialpolitik. Um die Wirkung der Komponente Geschlecht in beiden Bereichen zu erfassen, muss sowohl die mikrosoziologische (auf soziales Handeln bezogene), als auch die makrosoziologische (auf soziale Gebilde bezogene) Sicht der Sozialstruktur beachtet werden. Geschlecht hat für die unterschiedlichsten sozialen Phänomene eine strukturelle Bedeutung. Dies gilt „unter anderem für

- die soziale Organisation von Sexualität, die Regulation von Generativität und die Bevölkerungspolitik,

---

[81] vgl. Becker-Schmidt, R. (2003): a. a. O.: S.15.
[82] vgl. Becker-Schmidt, R. (2003): a. a. O.: S.15.
[83] vgl. Becker-Schmidt, R. (2003): a. a. O.: S.15.
[84] vgl. Becker-Schmidt, R. (2003): a. a. O.: S.15.
[85] Brückner, M.(2001): Gender als Strukturkategorie & ihre Bedeutung für die Sozialarbeit, S.15-23, S.19.

- die kulturelle Ordnung,

- die gesellschaftliche Teilung von Arbeit und Distribution von Macht." [86]

2.3.2.2 Geschlecht als soziale Konstruktion – Doing Gender

Viele wissenschaftliche Diskussionen, in deren Mittelpunkt die Geschlechterverhältnisse stehen, beschäftigen sich vor allem damit, wie es zur Heraus-
bildung bzw. sozialen Konstruktion bestimmter Geschlechterrollenordnungen
kommt.[87]

Der Diskussion um Geschlecht als soziale Konstruktion liegt die Annahme zugrunde, dass die gebräuchliche Unterteilung in ‚männlich' und ‚weiblich' aufgrund des ‚zweigeschlechtlichen' Systems zustande kommt. ‚Weiblich' und
‚männlich' sind soziale Konstruktionen, die im kulturellen System der Zweigeschlechtlichkeit immer wieder neu hergestellt werden. Das System der
Zweigeschlechtlichkeit trägt dazu bei, dass die Geschlechter in ihren ge-
wordenen Handlungs- und Lebensbereichen weiterhin symbolisch getrennt
voneinander verortet werden und über diesen Mechanismus letztlich die
sozialen Ungleichheitsverhältnisse zwischen den Geschlechtern immer wieder
reproduziert werden. An diesem Konstruktionsprozess der verschiedenen
Geschlechterrollen und Geschlechterzuständigkeiten sind sowohl
Institutionen als auch Individuen beteiligt. Ein Beispiel: Die Entscheidung
vieler Frauen für bestimmte Berufe oder die Entscheidung vieler Frauen sich
überwiegend, zumindest mehr als die Männer, für die Kindererziehung und
-betreuung einzusetzen, ist nicht unbedingt freiwillig, sondern Ausdruck
eines strukturellen Problems. Die gesellschaftliche Arbeitsteilung und die
tradierten, hierarchischen Haltungen in Betrieben, welche u.a. Zeichen für die

---

[86] Brückner, M. (2001): a. a. O.: S.19.
[87] vgl. hierzu: Voigt-Kehlenbeck, C. Jahn, I.; Kolip, P. (o.J.): Gender Mainstreaming;
Geschlechtsbezogene Analysen in der Kinder- und Jugendhilfe, eine Praxishandreichung, S. 1-27, S.12.

Komplexität gesellschaftlicher Strukturen sind, führen zu einer immer wiederkehrenden Reproduktion der Geschlechterverhältnisse.[88]

2.3.2.3 Geschlecht als Strukturkategorie in der Sozialen Arbeit

Soziale Arbeit beschäftigt sich mit und wird ausgeführt von Menschen. Sie beinhaltet sozialwissenschaftliche Forschung und Praxis, die in ihrem jeweiligen spezifischen historischen und gesellschaftlichen Kontext gesehen werden muss. Körperlichkeit ist eine Komponente des menschlichen Daseins. Mit dem Begriff des ‚Geschlechterverhältnisses' wird das Beziehungsgefüge zwischen einzelnen Personen männlichen und weiblichen Geschlechts, Männern bzw. Frauen untereinander, aber auch das Verhältnis der sozialen Gruppe der Männer gegenüber der sozialen Gruppe der Frauen insgesamt bezeichnet. Der reibungslose Ablauf gesellschaftlicher Prozesse hängt vielfach mit den in ihr liegenden Strukturen zusammen. Geschlecht kann als eines der gesellschaftlichen Strukturprinzipien bezeichnet werden. „Geschlecht als soziale Strukturkategorie besagt, dass es einen strukturbildenden Einfluss auf die Gesamtgesellschaft hat"[89].

In der westlichen Gesellschaft ist die jeweilige Leiblichkeit eines Menschen „stark geschlechtsspezifisch konnotiert"[90]. Diese sowohl sozialen, als auch körperlichen Tatsachen üben, bemerkt oder unbemerkt, Einfluss auf die jeweiligen theoretischen oder praktischen Vorhaben aus. Beeinflusst werden Blickrichtung, Gefühlslage, Haltung und Einstellung zur Welt. Deshalb ist es wichtig, sich diese sowohl subjektive als auch objektive Eingebundenheit bewusst zu machen, da sie ein Bestandteil der Wahrheitsfindung ist.[91] Be-

---

[88] vgl. hierzu: Voigt-Kehlenbeck, C., Jahn, I; Kolip, P.:.(o.J.): a. a. O.: S.12.
[89] Peinl, I.(o.J.): Einführungsvorlesung zum Thema Geschlechter/Gender als Kategorie in den Sozialwissenschaften. S.9-20, S.15.
[90] Brückner, M.(2001): Gender als Strukturkategorie & ihre Bedeutung für die Sozialarbeit, S.15-23, S.15.
[91] vgl. hierzu: Brückner, M.(2001):a. a. O. S.15.

stimmte Strukturen sind innerhalb der Gesellschaft für einen reibungslosen Ablauf der verschiedenen Prozesse des Zusammenlebens unbedingt erforderlich. Gesellschaftliche Strukturen sind z. B. die „gesellschaftliche Arbeitsteilung, die Verteilung von Gütern, verbindlich zugewiesene Verantwortlichkeiten für Kinder, ältere Menschen sowie kranke und behinderte Menschen, gemeinsame Werte und Normen und ihre systematische Weitergabe an neue Mitglieder der Gesellschaft, eine legitime politische Vertretung, [...] Raum für Kunst, Musik, Geschichten und andere symbolische Produktionen"[92].

Es gibt verschiedene Kriterien bzw. Prinzipien, nach denen die gesellschaftlich zu erbringenden Aufgaben verteilt sein können: Denkbar sind hier z. B. zentrale Prinzipien, die dann zu Regelmäßigkeit, Vorhersehbarkeit und Wiederholbarkeit führen. Es kann aber auch so sein, dass als Maßstab Kriterien, wie Begabung, Interesse, Motivation, Fähigkeiten oder nachgewiesene Leistungen eingeführt werden.[93]

Geschlecht kann somit als gesellschaftliche Strukturkategorie gesehen werden, welche alle Bereiche des menschlichen Lebens mitbestimmt, ordnet und das Denken, Fühlen und Handeln von Mädchen und Jungen, weiblichen und männlichen Jugendlichen, Frauen und Männern entscheidend beeinflusst. Das Geschlecht hat auch entscheidenden Einfluss auf die soziale Position und die jeweiligen Lebenschancen der Menschen. Wichtig ist das Bewusstsein dafür, dass jeder Mensch nur einem Geschlecht angehört.

Dadurch, dass Männer oftmals ignorieren, dass sie dem männlichen Geschlecht angehören und dass es noch ein „anderes Geschlecht"[94] gibt, gelangen sie zu der Annahme, dass sie die allgemeine Perspektive einnehmen: Somit entpuppt sich der „Main-Stream" (Haupt-Strom) eigentlich als Male-

---

[92] Focks, P. (2002): Starke Mädchen, starke Jungs; Leitfaden für eine geschlechtsbewusste Pädagogik, Herder Verlag, Freiburg, S. 23.
[93] vgl. Focks, P. (2002): a. a. O.: S. 23.
[94] vgl. zum Begriff: de Beauvoir, Simone (1989): Das andere Geschlecht.

Stream, (männlicher Strom).[95]

Es handelt sich also um eine hierarchische Struktur. Aus ihrer männerzentrierten Perspektive entwickeln Männer dann wieder Annahmen über Frauen. Durch die ‚männliche' Annahme als ‚erstes' Geschlecht das ‚Menschsein zu verkörpern', ist es ihnen sowohl gelungen, die Benachteiligung von Frauen zu verdecken, als auch sich selbst von der ‚Last der Geschlechtlichkeit' zu befreien, allerdings ohne dass sie dabei ihr privilegiertes, männliches Geschlecht verloren haben.[96]

Dadurch, dass Geschlecht thematisiert wird, werden Frauen und Männer sich ihrer eigenen körperlichen Geschlechtszugehörigkeit bewusst, welche wiederum zu unterschiedlichen Lebenschancen und Entfaltungsmöglichkeiten führt. Dies kann Scham erzeugen, da ein mit Tabus belegter Persönlichkeitsbereich ins Blickfeld gerückt wird.[97]

Demgegenüber wirkt eine geschlechtsneutrale Präsentation der eigenen Person entlastend: „Ich bin als Theoretiker oder Praktiker (männlich oder weiblich) ein leibunabhängiges, autonomes Individuum und werde daran gemessen – und messe mich selbst daran, ob ich diese Position neutral ausfülle"[98]. Das Verleugnen des Geschlechts wird als gewinnbringend erlebt, weshalb sich die Wut auf diejenigen richtet, „die auf die Geschlechtsgebundenheit gesellschaftlicher Zusammenhänge und Deutungsmuster, sowie auf die männlich determinierte Konstruktion des autonomen Individuums verweisen"[99].

So lässt sich nach Brückner auch die starke Ablehnung vieler Frauen diesem Erklärungsansatz gegenüber verstehen: Die einen befürchten ihren traditionell zugewiesenen Platz in der Gesellschaft zu verlieren, während die

---

[95]   vgl. Brückner, M. (2001): Gender als Strukturkategorie & ihre Bedeutung für die Soziale Arbeit, S.15-23, S.16.
[96]   vgl. Brückner, M.(2001): a. a. O.: S .16.
[97]   vgl. Brückner, M.(2001): a. a. O.: S. 16.
[98]   Brückner, M. (2001): a. a. O.: S.16.
[99]   Brückner, M. (2002): a. a. O.: S.16.

anderen, trotz ihres Geschlechts so weit gekommen, befürchten, das als ‚Fessel‘ erlebte weibliche Geschlecht, welches sie hinter sich lassen wollten, um als autonomes Wesen zu gelten, wieder aufgezwungen zu bekommen.[100] All dies zeugt von der starken emotionalen Besetzung des Themas.

Durch diese geschlechtlich vorherbestimmte Strukturierung entstehen ‚Leitlinien‘, wie die unterschiedlichen gesellschaftlichen Aufgaben und Arbeiten verteilt und, noch entscheidender, bewertet werden. Nach diesem Strukturprinzip ist geregelt, „wer die Familien- und Berufsarbeit übernimmt, wer in technischen, wirtschaftlichen und sozialen, pflegerischen Berufen tätig ist, wer höhere oder niedrigere Positionen einnimmt.“[101] Mädchen und Jungen werden schon in einer Welt geboren, deren Realität das hierin vorherrschende Geschlechterverhältnis ist.

Der 12. Kinder- und Jugendbericht der Bundesregierung greift diese Problematik auf und weist noch einmal extra darauf hin, dass obwohl in der öffentlichen Diskussion weitgehend die Meinung vertreten wird, „das Geschlecht als gesellschaftliches Strukturmerkmal seine prägende, sozial differenzierte Kraft verliert“[102], dies nur ‚scheinbar‘ der Fall ist. Zugleich wird im Rahmen des Berichts festgestellt, dass „Mädchen und Jungen nach wie vor in verschiedenen Bereichen mit relativ stabilen Geschlechterkonstellationen, Geschlechterstereotypen und geschlechtsspezifischen Verhaltenserwartungen konfrontiert“ sind. Dadurch werden ihre Erfahrungen und ihre Lebensplanung geschlechtstypisch kanalisiert.[103]

Gravierende Geschlechterungleichheiten bestehen also auch weiterhin. Zu fragen ist deshalb u.a. danach, welche Möglichkeiten gleichberechtigter Handlungschancen bestehen, wie der Zugang zu ‚geschlechtscodierten Welten‘ für beide Geschlechter zu ermöglichen ist und wie geschlechtsspezi-

---

[100] vgl. Brückner, M.(2001):a. a. O.: S.17.
[101] Focks, P. (2002): a. a. O.: S.23.
[102] BMFSFJ (2005): 12. Kinder- und Jugendbericht, S.83.
[103] vgl.: BMFSFJ (2005): a. a. O.: S.85.

fische Benachteiligungen abgebaut werden können. Weiterhin ist zu ermitteln, welche „Orientierungen, Aneignungs- und Umgangsmöglichkeiten
mit bestehenden Ambivalenzen geschlechtsbezogener Erfahrungen vermittelt
werden können" [104]. Für Erziehung und Bildung sind diese Fragen zentral.

Das Prinzip des Gender Mainstreaming setzt genau hier an, denn es geht
darum, „geschlechterbezogene Analysen von Projekten, Maßnahmen und
institutionellen Strukturen vorzunehmen und Kriterien zu berücksichtigen,
die es ermöglichen, zielgenauere Planungen vorzunehmen und die bisherigen
Strukturen zu verbessern." [105] Strukturanalysen sind also unbedingt notwendig, wie unter 5.3 Genderkompetenz näher erläutert wird.

---

[104] BMFSFJ (2005): a. a. O.: S.85.
[105] Voigt-Kehlenbeck, C.; Jahn, I.; Kolip, P. (o.J.): Gender Mainstreaming; Geschlechtsbezogene Analysen in der Kinder- und Jugendhilfe; eine Praxishandreichung, S.1-27,
S.3.

3. Methoden und Instrumente zur Implementierung von Gender Mainstreaming

Nach Angelika Erhardt und Mechthild M. Jansen gibt es für die Entwicklung und Darstellungen von Instrumenten zur Umsetzung von Gender Mainstreaming verschiedene, einander ähnelnde Methoden, die mit Blick auf die Vorgehensweise in den folgenden drei Schritten übereinstimmen:[106]

Als erster Schritt erfolgt eine Ermittlung der Ausgangssituation, des derzeitigen Ist-Zustandes (Ist-Analyse). Gefragt werden kann hier: In welcher derzeitigen Situation befinden sich die Frauen und Männer, Mädchen und Jungen, wie sind die derzeitigen quantitativen und qualitativen Verhältnisse? Ist der Ist-Zustand ermittelt, geht es um die Ermittlung des Zieles, (Soll-Analyse). Zu fragen wäre hier danach, welche gleichstellungspolitischen Ziele erreicht werden sollen.

Wenn klar ist, welches Ziel es zu erreichen gilt, erfolgt als dritter Schritt die Entwicklung von verschiedenen Projekten, unterschiedlichen Maßnahmen und den hierfür notwendig einzuleitenden Handlungsschritten. Jedoch können die analytischen Techniken nur als eine Art Schablone oder Raster dienen, die an die jeweiligen Bedingungen angepasst werden müssen.

3.1 3-R-Methode

Dem eben beschriebenen Dreischritt entspricht die aus Schweden stammende 3-R-Methode. Die drei R stehen für die Kategorien, die durch diese Methode geprüft werden: Repräsentation, Ressourcen und Realisierung. Bei der Repräsentation wird danach gefragt, wie viele Männer und Frauen letztendlich von der Maßnahme betroffen sind oder an ihr mitwirken. Zu folgenden

---

[106] vgl. Erhardt, A.; Jansen, M.M. (2003): Methoden und Instrumente, S. 24-27; S.24.

Themen werden Daten gesammelt und erhoben:[107] Anteilsverhältnisse von Frauen und Männern in den unterschiedlichen Abteilungen und Positionen, Anteilsverhältnisse von Frauen und Männern in Gremien, Arbeitsgruppen etc. und der Anteil der Angelegenheiten, die hauptsächlich Frauen bzw. hauptsächlich Männer betreffen. Bei den Ressourcen geht es darum, wem wann welche Ressourcen (z. B. Geld, Zeit, Raum) zur Verfügung stehen. Bei den Realitäten bzw. der Realisierung geht es darum herauszufinden, warum welche Dinge oder Sachen wie verteilt sind. Sind die Ursachen für die unterschiedliche Verteilung zwischen den Geschlechtern bekannt, ist es möglich, hieraus Konsequenzen für zukünftige Handlungsweisen abzuleiten. Auf der Grundlage der zwei vorangegangenen Arbeitsschritte erfolgt die Analyse: Hier geht es z. B. darum herauszufinden, warum die Behandlung, Beurteilung und Beteiligung von Frauen und Männern unterschiedlich ist, welche Normen und Werte Grundlage der unterschiedlichen Tätigkeiten von Frauen und Männern sind und ob die Interessen beider Geschlechter tatsächlich zu gleichen Teilen berücksichtigt wurden.

3.2 GIA-Gender Impact Assessment und SMART

Der GIA wurde Mitte der 1990er Jahre von Mieke Verloo und Connie Roggeband entwickelt und prüft die Auswirkungen von politischen Maßnahmen auf Frauen und Männer sowie das Geschlechterverhältnis. Schon vor Beginn einer Maßnahme werden Analysen erstellt, wie die Maßnahmen mit Gender Mainstreaming als Grundlage verlaufen könnten. Durch die hierdurch gewonnen Ergebnisse kann es noch zu einer Änderung der getroffenen Entscheidung und damit auch zu einer Änderung bei der Durchführung der Maßnahme kommen. Der GIA kann jedoch auch zur Evaluation einer politischen Maßnahme nach ihrer Durchführung benutzt werden. Der GIA

---

[107] vgl. Käppler, S. (2003) : Instrumente zur Implementierung von Gender Mainstreaming; S.31.

besteht aus folgenden fünf Schritten:[108]

1. Beschreibung des Ist-Zustandes, das heißt der bestehenden Geschlechterverhältnisse
2. Anzunehmende Entwicklung ohne politische Veränderungen
3. Maßnahmen und Ziele des neuen politischen Plans
4. Mögliche Auswirkungen auf die Geschlechterverhältnisse
5. Evaluierung der möglichen (positiven und negativen) Auswirkungen auf die Geschlechterverhältnisse.

Die niederländische Methode wurde von der EU aufgegriffen und daraus ein Instrument zur Überprüfung der gleichstellungspolitischen Inhalte der verschiedenen politischen Maßnahmen entwickelt: SMART (simple method to assess the relevance to gender, übersetzt: einfache Methode zur Gleichstellungsverträglichkeitsprüfung in der Politik).

3.3 Gleichstellungsprüfung der Europäischen Kommission

Auch die Europäische Kommission hat für ihre eigene Politik, die die Legislativvorschläge, Strategiepapiere und auch andere Gemeinschaftsaktionen beinhaltet, eine analytische Gleichstellungsüberprüfung in drei Schritten eingeführt. Im ersten Schritt werden nach Geschlecht aufgeschlüsselte Daten erhoben, um die geschlechtsspezifische Relevanz zu prüfen und festzustellen. Hierfür ist es wichtig, die richtigen Fragen zu stellen: [109]

- „Betrifft der Vorschlag eine oder mehrere Zielgruppen? Hat er Einfluss auf das tägliche Leben eines Teils/ von Teilen der Bevölkerung?

---

[108] Käppler, S. (2003) a. a. O.: S.32.
[109] siehe hierzu: http://www.gender-mainstreaming.net/gm/aktuelles, did=1356,render =renderPrint. html Gleichstellungsprüfung der Europäischen Union, eingesehen am: 04.01.2006.

45

- Gibt es in diesem Bereich Unterschiede zwischen Männern und Frauen (im Hinblick auf Rechte, Ressourcen, Beteiligung, Werte und Normen)?"[110]

Wenn eine der Fragen mit Ja beantwortet werden kann, ist eine geschlechtsspezifische Komponente in diesem Bereich festzustellen, worauf Überlegungen zu den möglichen geschlechtsspezifischen Einflüssen auf den Vorschlag durchgeführt werden. Diese möglichen geschlechtsspezifischen Auswirkungen der Maßnahmen werden im zweiten Schritt anhand von Kriterien, welche die Unterschiede zwischen Männern und Frauen aufzeigen, bewertet. Hierzu gehören zum Beispiel:

- die Beteiligung von Frauen und Männern (z. B. in Gremien, Entscheidungspositionen, Gehaltsgruppen, Verbänden etc.)

- die Frauen und Männern zur Verfügung stehenden Ressourcen (wie Zeit, Raum, Geld, Information, Bildung etc.)

- die Normen und Werte, die die Geschlechterrollen beeinflussen

- die Rechte sowie der Zugang zu Rechten von Frauen und Männern[111]

Im dritten Arbeitsschritt geht es um die Umsetzung der Bewertungsergebnisse und die tatsächliche gleichstellungspolitische Ausrichtung der Maßnahme, indem hier direkt danach gefragt wird, wie die geplante Maßnahme dazu beitragen kann, Ungleichheiten zu beseitigen und die Gleichstellung von Frauen und Männern tatsächlich zu fördern ist.[112]

---

[110] vgl. Kommission der Europäischen Gemeinschaft, 1998, S.4 zitiert in: Käppler, S. (2003) a. a. O. 32.
[111] vgl. Kommission der Europäischen Gemeinschaft, 1998, S.5 zitiert in: Käppler, S.(2003) a. a. O.: 32.
[112] vgl. BMFSFJ, 2002, S.38 zitiert in Käppler, S. (2003): S.32.

3.4 6-Schritte Prüfung nach Karin Tondorf

Karin Tondorf entwickelte in Deutschland ein Konzept zur Umsetzung von Gender Mainstreaming in 6 Schritten, welches verschiedene internationale Umsetzungsbeispiele mit der Forschung über die Entwicklung von Organisationen verknüpft. Auch hierbei müssen die jeweiligen Schritte den jeweiligen Bereichen angepasst werden.

Nach Karin Tondorf ist der erste Schritt die Definition der gleichstellungspolitischen Ziele, dessen Ergebnis dann eine „genaue Beschreibung des Ist-Zustandes und des sich daraus ergebenden Handlungsbedarfs hin zum gewünschten gleichstellungspolitischen Ziel (Soll-Zustand)"[113] ergibt. Hinzu kommt die Auflistung geschlechtersensibler Daten, sowohl aus Statistiken, als auch aus Befragungen. Konkret geht es hierbei darum, festzustellen, wer die Daten liefert, wer diese weiter aufbereitet und was dann letztendlich für die Umsetzung erforderlich ist. Es wird auch danach gefragt, welche Stellen u. U. herangezogen oder erst noch eingerichtet werden müssen.[114]

Beim 2. Schritt, der Analyse der Probleme, wird danach gefragt, wo im konkreten Fall die Probleme liegen. Hier werden mittelbare (längerfristige) und unmittelbare (kurzfristige) Regeln, Verfahren, Instrumente und Praktiken, die zur eventuellen Bevorzugung oder Benachteiligung von Frauen oder Männern führen, analysiert. Nach Käppler lassen sich die Diskriminierungen vielfach nicht sofort erkennen. So spricht sie davon, dass es zum Beispiel sein könnte, dass Stellenanzeigen zwar geschlechtsneutral ausgeschrieben würden, zum Vorstellungsgespräch jedoch dann (aufgrund stereotyper Vorurteile) nur Männer eingeladen werden. Weiterhin müssen die neusten Forschungserkenntnisse für die jeweiligen Akteurinnen und Akteure zugänglich sein. Wenn festgestellt worden ist, welche unterschiedlichen Gruppen von dem Vorhaben überhaupt betroffen sind, muss auch nach weiterer Struktur-

---

[113] vgl. Tondorf, 2001, S.11 zitiert in: Käppler, S. (2003): a. a. O.: S.32.
[114] Käppler, S. (2003): a. a. O.: S.33.

merkmalen von Menschen, wie zum Beispiel Alter, Bildungsstand, Lebenssituation oder auch der Interessenlage differenziert werden. Ein Mann und eine Frau, die sich zurzeit gerade in der Elternzeit befinden, haben zum Beispiel wahrscheinlich eher ähnliche Interessen, als die gleichgeschlechtlichen erwerbstätigen, als Single lebenden Personen.

Am Ende des 3. Schrittes, der Entwicklung von Optionen, sollen ausformulierte Optionen vorliegen, in denen beschrieben wird, wie die Maßnahme inhaltlich gestaltet sein sollte. Diese werden dann im 4. Schritt analysiert, um zu einem Gender Mainstreaming-Lösungsvorschlag zu kommen. Käppler führt 3 Prüfkriterien bzw. Prüffragegruppen von Tondorf an, anhand derer die Gleichstellung von Frauen und Männern überprüft werden kann. Es geht hierbei um den Bereich der rechtlichen Gleichstellung, die Gleichstellung hinsichtlich verschiedener Ressourcen und die Gleichstellung im Bezug auf die Beteiligung an den Entscheidungsprozessen. Diese können Impulse für die Diskussion und Entwicklung eigener Checklisten liefern[115]. Am Ende dieses Schrittes steht eine klare Entscheidung für eine der möglichen Optionen, bei der die Wahrscheinlichkeit als am höchsten eingeschätzt wird, das jeweilige Ziel zu erreichen. Im 5. Schritt werden die Gender Mainstreaming-Strategien umgesetzt, bevor das Erreichen dieser Ziele im 6. Schritt kontrolliert und evaluiert wird.

3.5 Geschlechtsspezifische Statistiken, Genderexpertisen, Checklisten und Leitfäden

Eine weitere analytische Technik ist die Aufstellung einer geschlechtsspezifischen Statistik, wobei hier auch vorhandene Statistiken benutzt werden können, wenn diese, nach Geschlechtern getrennt, erhoben wurden. Es müssen häufig neue Erhebungsfragen entwickelt werden, da die

---

[115] Käppler, S. (2003): a. a. O.: S.33.

Differenzierung zwischen Männern und Frauen ein zu grobes Raster darstellt und Differenzen der Geschlechterrollen sich noch deutlicher, z. B. im Vergleich zwischen Vätern und Müttern oder Migranten und Migrantinnen, zeigen.[116] Zusätzlich zu Fachfragen wird diese Unterscheidung nach anderen Strukturmerkmalen als dem Geschlecht in den Genderexpertisen aufgegriffen. Die hier behandelten Fachfragen werden dann mit dem Stand der Frauen- und Gleichstellungsprüfung in Zusammenhang gebracht. In Checklisten und Leitfäden werden anschließend diese konkreten Erkenntnisse mit eingearbeitet.

3.6 Gender Budgeting

Im Jahr 1995 vereinbarten die 189 teilnehmenden Staaten der Weltfrauenkonferenz in Peking, ihre Haushalte regelmäßig aus einer Geschlechterperspektive zu analysieren. Die hierzu existierenden Ansätze werden unter dem Begriff ‚Gender Budgets‘ zusammengefasst. Ziel ist es, die unterschiedlichen Auswirkungen der öffentlichen Einnahmen und Ausgaben auf die soziale und ökonomische Situation von Männern und Frauen zu identifizieren und die öffentlichen Haushalte, wenn notwendig umzustrukturieren, um zu mehr Geschlechtergerechtigkeit zu gelangen.[117] Diese Analysen enthalten Empfehlungen für eine Umstrukturierung der haushaltspolitischen Maßnahmen, um so zu mehr Gleichberechtigung zwischen den Geschlechtern zu gelangen. Bei dem Gender-Budget-Verfahren wird die öffentliche Haushaltspolitik einer geschlechtersensiblen Analyse unterzogen. Hierbei werden die „Auswirkungen von vorgeschlagenen oder bereits in Kraft getretenen haushaltspolitischen Maßnahmen, Programmen und Gesetzen auf Frauen und Männer bzw. verschiedene Gruppen von Frauen und Männern untersucht

---

[116] vgl. Stiegler, B. (2000): S.5 zitiert in Käppler, S. (2003): a. a. O.: S. 34.
[117] vgl. hierzu: Schratzenstaller, M. (2002): Gender Budgets; S.133 -155, S. 133.

und bewertet"[118]. Durch diese Analyse soll erreicht werden, alle Bereiche der Haushaltspolitik sowohl auf nationaler als auch lokaler Ebene geschlechtergerecht zu gestalten. Da Haushaltspläne nur scheinbar geschlechtsneutral sind, müssen staatliche Haushalte Gender Mainstreaming Ansätze berücksichtigen.[119]

Jedoch erst 1999 wurde Gender Mainstreaming in den beschäftigungspolitischen Leitlinien der EU verankert und mit ‚in Kraft treten‘ des Amsterdamer Vertrags am 1. Mai 1999 in rechtsverbindliche Formen geschrieben. Durch Unterzeichnung des Amsterdamer-Vertrags verpflichteten sich alle europäischen Staaten, eine aktive Gleichstellungspolitik zu betreiben. Das wiederum bedeutet, dass alle Maßnahmen der europäischen Politik zum Ziel haben müssen, die „Chancengleichheit [von Frauen und Männern] umzusetzen und bestehende Ungleichheiten zu beseitigen"[120]. Ein Schwerpunkt hierbei ist die gemeinsame Arbeitsmarkt- und Beschäftigungspolitik, deren Hauptfinanzierung über den Europäischen Sozialfond (ESF) erfolgt. Die Förderinstrumente der Europäischen Union sind Strukturfonds, die für die Förderperiode 2000-2006 auf eine neue Rechtsgrundlage gestellt wurden. Deutschland erhielt Mittel aus den ESF für diese Förderperiode in Höhe von 11,5 Mrd. Euro. Die Förderung erfolgte durch Bund und Länder, jedoch mit einem Förderübergewicht für die Länder. Mit 10% dieser Mittel sollten „reine Chancengleichheitsmaßnahmen umgesetzt werden"[121].

Die europäische Beschäftigungsstrategie ruht insgesamt auf vier Säulen: Beschäftigungsfähigkeit, Unternehmergeist, Anpassungsfähigkeit und Chancengleichheit von Frauen und Männern, wobei diese eine besondere Stellung einnimmt. Auch in der BRD (Bund und Länder) soll die Beschäftigungslage

---

[118] vgl. hierzu: Schratzenstaller, M. (2002): a. a. O.: S. 134.
[119] vgl. hierzu: Schratzenstaller, M. (2002): a. a. O.: S. 138.
[120] Hemmerich-Bukowski, U. (2003): Gesetzliche Grundlagen und Anforderungen unserer Geld- und Auftraggebenden; S. 27.
[121] Hemmerich-Bukowski, U. (2003): a. a. O.: S. 28.

von Frauen nachhaltig durch die Berücksichtigung des Gender-Mainstreaming-Ansatzes verbessert werden. Dies gilt auch für den Bereich der Kinder- und Jugendhilfe. Kernpunkte der Strategie sind nach Uta Hemmerich-Bukowski folgende fünf Punkte:[122]

- Frauen sollen in den Fördermaßnahmen (zumindest) entsprechend ihres Anteiles an den Arbeitslosen und Beschäftigten berücksichtigt werden.

- Die Ursachen der Benachteiligung von Frauen am Arbeitsmarkt sollen systematisch analysiert werden.

- Eine Bevorzugung der Qualifizierung von Frauen und Mädchen in den zur Zeit noch von Männern dominierten Berufen soll erfolgen.

- Förderung der Existenzgründung von Frauen.

- Alle Einzelmaßnahmen sollen zusammengeführt werden in einem Konzept zur übergreifenden Förderung von Frauen in allen Lebenslagen.

Um die ESF-Förderung auf nationaler Ebene umzusetzen, müssen die Verantwortlichen auf der politischen Ebene, der Verwaltungsebene und auch der Trägerebene beteiligt sein.

Zunächst ist es nach Hemmerich-Bukowski erforderlich, dass sich

1. „die politische Ebene mit dem Konzept identifiziert und konkrete Ziele formuliert,

2. die Verwaltungsebene mit dem neuen Blick auf die Projektauswahl vertraut gemacht hat und

3. die Trägerebene passende Konzepte und Maßnahmen entwickelt"[123].

---

[122] vgl. Hemmerich-Bukowski, U. (2003): a. a. O.: S. 27/28.
[123] Hemmerich-Bukowski, U. (2003): a. a. O.: S. 28.

Bei der Beantragung von Fördermitteln werden Angaben zur Einbindung von Gender Mainstreaming in das jeweilige Fördervorhaben abgefragt. Enthalten sein sollen in den Anträgen Aussagen „über die Analyse im Vorfeld, die Zielsetzung der Maßnahme, die erhoffte Wirkung, die Durchführung sowie die organisatorischen Voraussetzungen beim Träger selbst"[124].

Die Vergabe der Mittel, die nicht direkt an die Länder, sondern an den Bund gehen, erfolgt in großen Teilen über die Bundesanstalt für Arbeit, die diese im Rahmen von Sonderprogrammen verteilt. Hierfür gibt es jedoch nach Hemmerich-Bukowski keine Gender Mainstreaming-Vorgaben in den entsprechenden Richtlinien, ausgenommen der Abfrage dieser Daten in der Beantragung der Fördermittel. Des Weiteren sind andere ESF-Mittel in Förderprogrammen verschiedener Bundesministerien integriert. „Das BMFSFJ beispielsweise setzte ESF-Mittel im Programm `LOS-Lokales Kapital für soziale Zwecke´ ein"[125]. Die Vergabe der Mittel für diese Programme erfolgte anhand eigener Auflagen zur Umsetzung von Gender Mainstreaming.

---

[124] Hemmerich-Bukowski, U. (2003): a. a. O.: S. 28; Das Projekt lief bis 2007.
[125] Hemmerich-Bukowski, U. (2003): a. a. O.: S. 28.

4. Gender Mainstreaming als Handlungsprinzip einer geschlechtergerechten Pädagogik

Da die Bundesregierung sich dazu verpflichtet hat, Gender Mainstreaming in allen Politikbereichen umzusetzen, gilt dies natürlich auch für die Kinder- und Jugendhilfe. Am 19.12.2000 wurde Gender Mainstreaming in die allgemeinen Grundsätze der Richtlinien des Kinder- und Jugendplanes des Bundes (KJP) aufgenommen. Zur weiteren Erläuterung heißt es hier, dass bei Gender Mainstreaming grundsätzlich davon ausgegangen wird, dass sich die Lebenswirklichkeit von jungen Frauen und jungen Männern, Mädchen und Jungen in vielen Bereichen unterscheidet.

Werden Unterschiede nicht erkannt, können diese dazu führen, dass geplante Maßnahmen, die neutral zu sein scheinen, zu einer unterschiedlichen Beeinflussung von jungen Frauen und jungen Männern, sowie Mädchen und Jungen führen und es so evtl. sogar zu einer Verstärkung der bestehenden Unterschiede kommt. Wenn diese Überlegungen mit einbezogen werden, kann Gender Mainstreaming vor diesem Hintergrund für eine Politik stehen, deren Ziel es ist, zu einer Berücksichtigung des Aspekts der Chancengleichheit von jungen Frauen und jungen Männern, Mädchen und Jungen in allen Bereichen und bei allen Maßnahmen und das auf allen Ebenen zu kommen.

4.1 Bedeutung für Maßnahmen der Kinder- und Jugendhilfe

„GM bedeutet für die Kinder- und Jugendhilfe also grundsätzlich danach zu fragen, wie sich Maßnahmen und Gesetzesvorhaben jeweils auf Frauen und Männer, Mädchen und Jungen auswirken und ob und wie sie zum Ziel der Chancengleichheit der Geschlechter beitragen können.

Auf dieser Grundlage sind die Maßnahmen und Vorgaben entsprechend zu steuern." (BMFSFJ 2001,1)"[126]

Darüber hinaus sollte daraufhin gewirkt werden, dass bei der „Besetzung und Förderung von hauptamtlichen Fachkraftstellen Frauen angemessen vertreten sind"[127]. Für die Träger ist es für Maßnahmen, die seit dem Frühjahr 2002 durch den KJP gefördert werden verpflichtend, „im Rahmen der vorgeschriebenen Sachberichte zur Umsetzung von Gender Mainstreaming"[128] Stellung zu nehmen und dabei Folgendes zu berücksichtigen:

1. die Teilhabe von Mädchen und Jungen;

2. die Formen der Benachteiligung;

3. Maßnahmen, die getroffen worden sind, um Mädchen und Jungen den gleichen Zugang zu ermöglichen;

4. Angaben über die Initiativen der Träger, die zur geschlechtergerechten Durchführung der Maßnahmen ergriffen worden sind und welchen Erfolg diese Maßnahmen hatten;

5. Verteilung der (finanziellen) Mittel für geplante und durchzuführende Maßnahmen für Mädchen und Jungen.

Gender Mainstreaming sollte schon bei der Planung und Gestaltung von Kinder- und Jugendhilfemaßnahmen berücksichtigt werden, das heißt in die Konzeption eingelassen werden, da hierzu auch eine Stellungnahme im Sachbericht gefordert wird. Wenn Projekte Chancengleichheit zum Ziel haben und dementsprechend auch gestaltet werden sollen, ist es nicht nur allein erforderlich, Konzeptionen von Einzelmaßnahmen gesondert zu planen, sondern letztendlich geht es um „die Einbindung und Entwicklung des gesamten Projektträgers auf diese Zielsetzung hin"[129]. Als Top-Down-Strategie, also als eine Strategie, die darauf setzt, dass von den obersten Entscheidungsebenen

---

[126] zitiert nach: Rose, L. (2004): Gender Mainstreaming in der Kinder- und Jugendhilfe, Juventa-Verlag, Weinheim u. München, S.9.

[127] Gemeinsames Ministerialblatt Nr. 2, 2001; Richtlinien v. 19.12.2000 KJP des Bundes zitiert nach: Hemmerich-Bukowski, U.(2003): a. a. O.: S. 28.

[128] Hemmerich-Bukowski, U.(2003): a. a. O.: S. 28.

[129] Hemmerich-Bukowski, U.(2003): a. a. O.: S. 29.

an angesetzt werden muss, damit Veränderung entstehen kann, muss Gender Mainstreaming jedoch im Denken aller drei Ebenen: Organisationsebene, Mitarbeiterinnen/Mitarbeiterebene und Projekt/Praxisebene mit berücksichtigt werden. Auf allen drei Ebenen sind unterschiedliche Strategien notwendig.[130]

Um Anregungen und Hilfestellungen zu geben, wie Gender Mainstreaming in Organisationen eingebunden werden kann, wurden verschiedene Materialien und Checklisten, so genannte „Tool-Boxes" erstellt. Mit diesen soll die Verankerung von Gender Mainstreaming bei Projektträgern unterstützt werden. Sie bedürfen jedoch einer individuellen Bearbeitung für und durch die jeweiligen Institutionen und Personen, bevor sie hier angewendet werden. Dies gilt auch für den Kindergarten, in dem seit etwa 10 Jahren auch Geschlechterfragen thematisiert werden.[131]

Soll Gender Mainstreaming im Kindergarten konkret umgesetzt werden, geht es nach Beatrix Holzer zunächst einmal darum, „Strategien zu entwickeln, die direkt in die gegebenen Organisations- und Arbeitsverläufe eingebaut werden können"[132]. Damit diese überzeugt und erfolgreich umgesetzt werden können, kann dies nur in Zusammenarbeit mit den späteren Anwenderinnen und Anwendern gemeinsam geschehen, was bedeutet, dass alle im Kindergarten beteiligten Personen mit einbezogen werden.

---

[130] vgl. Meyer, D. (o.J.): Gender Mainstreaming als Zukunftsressource, S.32-38, S. 35.
[131] vgl. Rohrmann, T. (2005): Geschlechtertrennung in der Kindheit; Abschlussbericht des Projekts: Identität und Geschlecht in der Kindheit (2005): 4.1.: Die Genderthematik in Kindertageseinrichtungen: S. 85-96, S.85.
[132] Holzer, B. (2003): Gender Mainstreaming und seine Relevanz für das Management der Sozialen Arbeit, Institut für Sozialarbeit und Sozialpädagogik (ISS), Frankfurt a. M.; S.20.

4.2 Strukturelle Aspekte von Gender Mainstreaming im Kindergarten

Beim Gender Mainstreaming werden nicht zuerst die pädagogischen, sondern die strukturellen Aspekte in den Blick genommen, welche vielfach den reibungslosen Ablauf gesellschaftlicher Prozesse bestimmen. Im Kindergarten bedeutet dies, dass es zunächst einmal um die Personen geht.

Hierzu gehören die Familien als Klientel, die Erzieherinnen, Erzieher und anderen Beschäftigten der Einrichtung sowie die Träger bzw. Vorgesetzten und die Mädchen und Jungen, die die Einrichtung besuchen.

In der Kindergartenarbeit ist bisher jedoch „empirisch belastbar kaum etwas über die Genderstrukturen und –interaktionen innerhalb der Träger und zwischen den verschiedenen Akteursebenen"[133] bekannt. Es treffen hier verschiedene Akteurinnen, Akteure und Akteursgruppen mit unterschiedlichen Interessen aufeinander.

Für Familien übernimmt der Kindergarten die Aufgabe, die Eltern für einen Teil des Tages von der Betreuung ihrer Kinder zu entlasten. Für die Situation der Frauen und Männer in der Gesellschaft kann dies bedeuten, dass sich durch dieses Angebot Berufstätigkeit und Kinder miteinander vereinbaren lassen. Obwohl die Anzahl der Ganztagsbetreuungsplätze gestiegen ist, handelt es sich bei den meisten Kindergartenplätzen um eine Halbtagsbetreuung, wodurch die beruflichen Möglichkeiten zumindest eines Elternteils stark eingeschränkt werden. Hierdurch zeigt sich auch noch einmal, dass das unserer Gesellschaft zugrunde liegende Familienbild zumeist eines ist, in welchem ein Elternteil (bis jetzt trotz aller politischen Bemühungen zumeist noch die Frau) nach der Geburt eines Kindes zumindest für eine bestimmte Zeitspanne zu Hause bleibt und auch danach nicht wieder voll erwerbstätig

---

[133] Rabe-Kleberg, U. (2003): a. a. O.: S.92.

56

ist.[134] Auf der Grundlage von Gender Mainstreaming-Aspekten und der gesellschaftlichen Arbeitsteilung vermutet Hannelore Faulstich-Wieland durch diese strukturellen Bedingungen eine Mitverursachung der schlechteren Berufsmöglichkeiten für Frauen, auch dadurch, dass diesen zumindest nicht bewusst entgegengesteuert wird.[135]

Zumindest für Kinder unter 3 Jahren und über 6 Jahren ist es nach Ansicht von Tim Rohrmann im Gegenteil sogar seit Bestehen des Rechtsanspruchs auf einen Kindergartenplatz zunächst eher zu einer Verschlechterung der Betreuungssituation gekommen, da alle verfügbaren Kapazitäten zur Umsetzung des Rechtsanspruches verwendet wurden.[136]

Die meisten Beschäftigten in Kindergärten (ca. 96%) sind weiblich und gehören zu 55,8% in den alten und 78,5% in den neuen Bundesländern[137] zur Berufsgruppe der Erzieherinnen. Der Männeranteil der im Kindergarten Beschäftigten ist sehr gering und im Betreuungsbereich am geringsten, denn mehr als ein Drittel der wenigen im Kindergarten beschäftigten Männer arbeiten nicht in der Betreuung, sondern im wirtschaftlich-technischen Bereich. In Nordrhein-Westfalen (NRW) liegt der Männeranteil im Kindergarten sogar unter 3%.[138]

Problematisch ist, dass, obwohl die gesellschaftlich wichtige Bedeutung dieser Arbeit immer mehr erkannt wird, die in diesen Strukturen tätigen Erzieherinnen und Erzieher nur sehr wenig Möglichkeiten haben, die „Strukturen" bzw. Rahmenbedingungen ihrer Arbeit zu beeinflussen.[139] Dies

---

[134] vgl. hierzu auch noch einmal den Punkt 2.3.2.1 Geschlecht als soziales Verhältnis , ab. S.22.

[135] vgl. Faulstich-Wieland, H.(2001): Gender Mainstreaming im Bereich der Kindertagesstätten, S.122.

[136] Rohrmann, T. (2003): Gender Mainstreaming in Kindertageseinrichtungen, S.1-10, S.4, in: Kindergartenpädagogik-Online-Handbuch: www.kindergartenpaedagogik.de/1318.html. 10.07.07.

[137] vgl. Faulstich-Wieland, H. (2001): a. a. O.: S.122.

[138] vgl. Rohrmann, T. (2003): a. a. O.: S.4.

[139] vgl. hierzu auch noch einmal 3.4 6-Schritte Prüfung nach Tondorf, S.32: Der erste Punkt, die rechtliche Gleichstellung ist erreicht und auch der 2. Punkt, die Gleich-

ist für sog. Frauenberufe charakteristisch. Zumeist sind Frauen in diesen Berufen machtlos und aus der allgemeinen Öffentlichkeit ausgeschlossen.[140]

Der Anteil der Mädchen und Jungen im Kindergarten ist ziemlich gleich. Es wird in der Regel auch von ‚Kindern' und nicht explizit von Mädchen und Jungen gesprochen.

Da zumeist auch bei Beobachtungen und Untersuchungen den Kindergarten betreffend die Komponente „Geschlecht" (noch) nicht in die Überlegungen miteinbezogen wird, können strukturelle Ungleichheiten und Benachteiligungen oft nicht gezeigt bzw. entdeckt werden. Auch evtl. bestehende geschlechtsspezifische Unterschiede im Spielverhalten, im Interesse an Angeboten oder in der Raumnutzung wurden bislang kaum systematisch beobachtet und dokumentiert, sodass hierdurch Rückschlüsse gezogen werden könnten[141].

stellung hinsichtlich des Zugangs zu Ressourcen verändert sich langsam. Probleme sehe ich hinsichtlich der Beteiligung an Entscheidungen, diese sind für Erzieherinnen und Erzieher zumeist nicht gegeben, denn Berufsbild und Position der Erzieherinnen und Erzieher im Kindergarten ist die praktische Umsetzung. Auf Grund der mangelnden Aufstiegsmöglichkeiten für Erzieherinnen und Erzieher werden sie nicht an eine „entscheidende Stelle" befördert.

[140] Focks, P. (2002): a. a. O.: S.117.
[141] Eine Ausnahme bildet die in den Jahren 1983-1987 vom SPI (Sozialpädagogisches Institut) unter Leitung von M. Verlinden gestartete Untersuchung: `Mädchen und Jungen im Kindergarten´, auf die später noch eingegangen wird.

5. Theorien einer geschlechtergerechten Pädagogik im Kindergarten

Im Bereich der Kindergartenpädagogik findet der Begriff Gender Mainstreaming bislang nur selten Verwendung, da hier in der Regel (falls das Thema ‚Geschlecht' überhaupt behandelt wird) von einer ‚geschlechtersensiblen', ‚geschlechtergerechten', bzw. ‚geschlechterbewussten' Pädagogik gesprochen wird.

Eine geschlechtergerechte Pädagogik [142] ist (auch im Kindergarten) ein Teil des Gender Mainstreaming Prozesses, der das Ziel der Gleichstellung von Frauen und Männern, Mädchen und Jungen zu verwirklichen sucht. Die Definition des Europarates könnte auf den Bereich der Kindergartenpädagogik übertragen, in etwa lauten:

Gender Mainstreaming besteht in der (Re)Organisation, Verbesserung, Entwicklung und Evaluation von allen im Kindergarten wichtigen Entscheidungsprozessen, mit dem Ziel, dass die an den Entscheidungen beteiligten Akteurinnen und Akteure den Blickwinkel der Gleichstellung zwischen Frauen und Männern/Mädchen und Jungen, in allen Bereichen des Kindergartenalltags[143]einnehmen. Dies gilt für alle Entscheidungs- und Handlungsebenen, für die pädagogischen Konzeptionen, in allen Prozessstadien durch

---

[142] Eine geschlechtergerechte Pädagogik ist sich der Geschlechtlichkeit der Mädchen und Jungen bewusst und versucht evtl. entstehenden oder bestehende Bevorzugungen, bzw. Benachteiligungen des einen oder anderen Geschlechts bewusst wahrzunehmen, diese zu berücksichtigen und dem gegebenenfalls entgegenzuwirken.

[143] vgl. hierzu auch die in den Bildungsvereinbarungen NRW vorgegeben Bildungsbereiche für Kinder in Kindertagesstätten; www.bildungsvereinbarungen nrw.de. S.9 Unterschieden wird hier in die vier Bildungsbereiche: a) Bewegung, b)Spielen und Gestalten, Medien, c)Sprache(n) und d) Natur und kulturelle Umwelt(en) und folgende kindliche Selbstbildungs-Potenziale: a) Differenzierung von Wahrnehmungserfahrungen über die Körpersinne, über die Fernsinne und über die Gefühle, b) innere Verarbeitung durch Eigenkonstruktion, durch Fantasie, durch sprachliches Denken und durch naturwissenschaftlich-logisches Denken, c) soziale Beziehungen und Beziehungen zur sachlichen Umwelt, d)Umgang mit Komplexität und Lernen in Sinnzusammenhängen sowie e)forschendes Lernen.

alle am Kindergarten beteiligten Akteure und Akteurinnen (Politiker-innen/Politiker, ausbildende Lehrerinnen/Lehrer, Trägerinnen/Träger, Sachbearbeiterinnen/Sachbearbeiter, Verwaltungsfachangestellte, Erzieh-erinnen/Erzieher und anderes pädagogische Personal).[144]

5.1 Gender Mainstreaming: ein spezifisches pädagogisches Konzept?

Gender Mainstreaming ist kein spezifisches pädagogisches Konzept, sondern eine Strategie, die dazu beitragen soll, dass der Faktor Gender in alle Über-legungen, institutionelle und pädagogische, mit einbezogen wird. Hiermit soll erreicht werden, dass schon vor Veranlassung von verschiedenen Maß-nahmen (sowohl der politischen, als auch der pädagogischen) darüber nach-gedacht wird, welche Auswirkungen diese auf das Geschlechterverhältnis haben. Dadurch kann verhindert werden, dass geplante pädagogische und politische Maßnahmen die bestehenden Benachteiligungen oder Bevor-zugungen noch verstärken, anstatt ihnen entgegenzuwirken.

„Es kann bei Gender Mainstreaming nicht darum gehen, ein spezifisches Praxiskonzept flächendeckend in die Kinder- und Jugendarbeit zu trans-portieren, sondern die scheinbar schon längst bearbeitete Frage, was Mädchen und Jungen für ein gelingendes Mädchen- und Jungen-Sein brauchen, muss überhaupt erst wieder zur Disposition stehen"[145].

Gender Mainstreaming kann im Kindergarten nur zu produktiven Ergeb-nissen führen, wenn alles, also auch schon bestehende Angebote der Förderung, im Hinblick darauf mitbetrachtet und überprüft werden, ob sie geschlechtergerecht sind.

---

[144] vgl. Sachverständigenbericht des Europarats von 1998 u.a. zitiert in: Deutscher Bundestag (Hrsg.)(2002): Schlussbericht der Enquete-Kommission; Globalisierung der Weltwirtschaft; Leske u. Budrich; Opladen, S.309-323, S.319.

[145] Rose, L. (2004): Gender Mainstreaming in der Kinder- und Jugendhilfe, Juventa-Verlag, Weinheim u. München, S.69.

Gender Mainstreaming beschäftigt sich also in erster Linie nicht mit der Implementierung eines bestimmten Arbeitsansatzes, sondern damit, Voraussetzungen zu schaffen, um eine Pädagogik, die die Interessen von Mädchen und Jungen gleichermaßen berücksichtigt, zu ermöglichen.

Hierfür muss die Infrastruktur der Einrichtung so gestaltet sein, dass Ressourcen und Aufmerksamkeit Mädchen und Jungen in gleicher Weise zur Verfügung stehen.

Die Inhalte der geplanten Angebote, „ob Geschlecht explizit bearbeitet wird oder nicht, ob sie ein Mann oder eine Frau anbietet, ob sie geschlechtergetrennt oder geschlechtergemischt stattfinden –dies alles ist für Gender Mainstreaming Prozesse erst einmal zweitrangig"[146].

Erst nach der Analyse und genauen Überprüfung der Einrichtung und Angebote können Arbeitsformen als Lösungsmaßnahmen initiiert werden. Letztendlich geht es auch pädagogisch um eine Veränderung der Grundhaltung, da Gender Mainstreaming besagt, dass Gender, also das soziale Geschlecht, Bestandteil aller Prozesse und Überlegungen sein soll. Die Einführung von Gender Mainstreaming bedeutet auch für den Kindergarten als Teil des Bildungssystems und der Kinder- und Jugendhilfe eine große Chance, an Qualität zu gewinnen. Aus der politischen Perspektive, der es um die Schaffung von Chancengleichheit geht, lautet somit die Schlüsselfrage: „Sind die Angebote, die Maßnahmen/Projekte angemessen, um Ungleichheiten zwischen Mädchen und Jungen, Frauen und Männern zu beseitigen und/oder Chancengleichheit und Gleichstellung von Mädchen und Jungen bzw. Frauen und Männern zu fördern?"[147] Gender Mainstreaming enthält die allgemeine Forderung danach zu analysieren, welche Beteiligungsmöglichkeiten und Möglichkeiten der Einflussnahme bisher genutzt wurden.

---

[146] Rose, L. (2004): a. a. O.: S.71/72.
[147] Voigt-Kehlenbeck, C. ;Jahn, I.; Kolip, P. (o.J.): Gender Mainstreaming; Geschlechtsbezogene Analysen in der Kinder- und Jugendhilfe; Eine Praxishandreichung; BIPS, S.1-27, S.7.

Gleichzeitig geht es darum zu überlegen, wie neue bzw. sich in Planung befindende Prozesse, Programme oder andere inhaltliche oder strukturelle Maßnahmen angestoßen werden können, damit diese dazu beitragen, vorhandene Ansätze effektiver zu gestalten. Es wird aber auch danach gefragt, ob die Ansätze und Maßnahmen gegebenenfalls verändert werden können, um langfristig dazu zu gelangen, „dass sich Gewichtungen verändern bzw. andere Aspekte der Geschlechtsungleichheiten verändert werden könnten"[148].

Probleme entstehen vielfach dadurch, dass verschiedene Ebenen der strukturellen Analyse mit Überlegungen zu einer pädagogischen Umsetzung von Gender Mainstreaming vermischt werden. Für die Umsetzung von Gender Mainstreaming ist eine Klärung diesbezüglich unbedingt notwendig. Deswegen soll im Folgenden getrennt werden zwischen der auf der einen Seite unbedingt notwendigen „strukturellen Analyse" und der ebenso notwendigen, aber auf einer anderen Ebene stattfindenden „Vermittlung von Genderwissen", welches neue Erkenntnisse aus der Geschlechterforschung beinhaltet. Eine solche Unterscheidung ist in sozialen Einrichtungen vor allem Einrichtungen der Kinder- und Jugendhilfe und somit auch im Kindergarten von besonderer Bedeutung, damit es nicht zur Verwunderung oder Abwehr bei den Betroffenen über das Top-Down Prinzip kommt.[149]

5.2 Perspektiven einer geschlechtergerechten Pädagogik

Um eine geschlechtergerechte Pädagogik im Kindergarten zu initiieren und umzusetzen, müssen die hier tätigen Erzieherinnen und Erzieher über die Fähigkeit verfügen, eine Situation zu analysieren, daraus eine kompetente Handlung abzuleiten und diese zu reflektieren. Die Auseinandersetzung mit theoretischen Grundlagen ist hierfür die Voraussetzung.

---

[148] Voigt-Kehlenbeck, C. (o.J.): Genderkompetenzen in der Kinder- und Jugendhilfe, S.1-11, S.2.
[149] vgl.: Voigt-Kehlenbeck, C. (o.J.): Genderkompetenzen a. a. O.: S.1.

Oftmals wird menschliches Handeln (von Frauen, Männern, Jungen und Mädchen) von Alltagstheorien bestimmt. Um das Verhältnis der Geschlechter zueinander zu erklären, gibt es besonders viele Alltagstheorien. Vielfach sind diese Erklärungen stark vereinfacht und nicht wissenschaftlich begründet. Sie werden jedoch von einem Menschen zum anderen weitergegeben, bis letztendlich alle denken, es handelt sich hierbei um Tatsachen.[150]

Im Gegensatz hierzu zeichnen sich pädagogische Qualität und Professionalität dadurch aus, dass unterschiedliche wissenschaftliche Theorien zur Klärung eines Sachverhalts hinzugezogen und auch eigene Theorien kritisch reflektiert werden, da nur so „eine bewusste eigene Haltung entwickelt werden kann"[151]. Die theoretischen Grundlagen der geschlechtergerechten Pädagogik können zum Beispiel aus drei unterschiedlichen Perspektiven, der Gleichheitsperspektive, der Differenzperspektive und der (de-)konstruktivistischen Perspektive betrachtet werden.

5.2.1 Die Gleichheitsperspektive

Vertreterinnen und Vertreter der Gleichheitsperspektive fordern die Gleichheit von Frauen und Männern im öffentlichen und privaten Raum mit dem Ziel, die Benachteiligung von Frauen aufzuheben. Erreicht werden soll dies durch „eine Politik der Beteiligung (Partizipation), der Gleichstellung, der Quotierung usw."[152]. Allerdings besteht ein Unterschied zwischen der formalen Rechtsgleichheit und ‚faktischer Ungleichheit', die durch eine ungleiche Behandlung entsteht. Ungleichheiten werden hier auf den unterschiedlichen Ebenen analysiert. Näher beschrieben habe ich dies unter dem Punkt 2.3.2.3 „Geschlecht als Strukturkategorie in der Sozialen Arbeit" ab Seite 37 in dieser Veröffentlichung.

Wenn die Gleichheitsperspektive in einer pädagogischen Konzeption im

---

[150] vgl. Focks, P. (2002): a. a. O.: S.33.
[151] Focks, P. (2002): a. a. O.: S.35.
[152] Focks, P. (2002): a. a. O.: S.37.

Kindergarten verankert werden soll, geht es bei Jungen und Mädchen darum, ihnen Kompetenzen zu vermitteln, die sie zu einer gleichberechtigten Teilhabe in der Gesellschaft befähigen. Aufgrund unterschiedlicher gesellschaftlicher Ausgangsbedingungen für Mädchen und Jungen könnten ihre Förderbedarfe unterschiedlich sein. Dies kann dazu führen, dass sich nach der Bedarfsermittlung herausstellt, dass nicht nur individuell, sondern auch geschlechtsspezifisch unterschiedliche Förderbedarfe bestehen könnten. So kann sich z. B. herausstellen, dass es evtl. tatsächlich so sein könnte, dass die für Jungen als eher typisch erachteten Punkte, wie z. B. die Fähigkeit sich selbst zu behaupten und die eigenen Belange durchzusetzen, die Teilhabe im öffentlichen und politischen Raum, sowie der Erwerb technischer Kompetenzen, bei Mädchen eher gefördert werden sollte. Während hingegen in der pädagogischen Arbeit mit Jungen evtl. mehr die Beziehungsorientierung, Einfühlsamkeit und soziale Verantwortung als zu fördernde Punkte im Vordergrund stehen könnten.[153]

5.2.2 Die differenztheoretische Perspektive

Ausgangspunkt der differenztheoretischen Perspektive ist eine angenommene (biologische) Differenz der Geschlechter, die als polare Gegensätze gesehen werden. Die differenztheoretische Perspektive soll es ermöglichen, komplexere soziale Ungleichheiten wahrzunehmen. Durch einen Perspektivwechsel soll erreicht werden, dass nicht mehr die Gleichheit, sondern die Differenz betrachtet wird, mit dem Ziel, die unterschiedlichen Bewertungen von „Männlichkeit" (zumeist höher bewertet) und „Weiblichkeit" (zumeist geringer bewertet) kritisch zu reflektieren. Mädchen werden so nicht als Mängelwesen betrachtet, sondern es wird an ihren Stärken und Ressourcen angesetzt. Politische Strategie ist es, Gleichberechtigung und Gleichbewertung durch die Akzentuierung von Unterschieden zu erlangen. Im

---

[153] vgl. Focks, P.(2002): a. a. O.: S.39.

Mittelpunkt der Betrachtungen stehen die in der Sozialisation erworbenen unterschiedlichen geschlechtsspezifischen Rollen, die vor allem Mädchen und Frauen in ihrer Entwicklung behindern. Pädagogische Konzepte, die ihre Arbeit mit den unterschiedlichen Lebenswelten von Mädchen und Jungen begründen, nehmen zum Ansatzpunkt ihrer pädagogischen Arbeit die Stärken und Ressourcen. Die Begründung für geschlechtsspezifische Unterschiede zwischen Mädchen und Jungen /Frauen und Männern wird hierbei in der Erkenntnis gesehen, „dass in Gesellschaft, Kultur, Politik, Wissenschaft und Pädagogik, Mädchen und Frauen und ihre Lebenswelt vernachlässigt oder gar ignoriert werden"[154]. Die unterschiedliche Bewertung von „männlich" und „weiblich" ist Teil der gesellschaftlichen Verhältnisse.[155]

Risiken dieser Strategie liegen darin, dass es durch die Betonung der Unterschiede zu einer Verstärkung der Differenz dadurch kommen kann, dass sog. Geschlechtsstereotype festgeschrieben und als naturgegeben angenommen werden können. Dies zeigt sich sehr deutlich im Berufsbild der Erzieherin bzw. der Profession des Erzieherinnenberufs.

Frauen gelangten zur Berufstätigkeit durch das in der ersten Frauenbewegung vertretene Konzept der „geistigen Mütterlichkeit", welches von der naturgegebenen Eignung der Frauen als „Mutter", andere, Kinder, Schutzbefohlene, ältere Menschen, zu versorgen ausging, wodurch Frauen Zugang zu außerhäuslicher Arbeit erlangten. Eine angenommene „naturgegebene Eignung" von Frauen führt zu einer Minderbewertung bestimmter Professionen, wodurch es zu der irrtümlichen Annahme gekommen ist, dass die Ausübung sozialer Berufe von „jeder" (natürlich vorrangig) jeder *Frau* übernommen werden könnte. So kommt es dazu, dass eine professionelle Ausbildung oder ein eventuelles Studium im sozialpädagogischen Bereich als

---

[154] Focks, P. (2002): a. a. O.: S.41.
[155] vgl. Focks, P. (2002): a. a. O.: S.41 und in dieser Arbeit S. 26, 5.2 Geschlecht als soziales Verhältnis.

weniger wichtig und somit auch geringer finanziell zu entlohnen bewertet wird, als in einem anderen z. B. technischen Bereich.[156] Dies zeigt sich auch stark in der verhältnismäßig geringen finanziellen Entlohnung vieler sozialer Ausbildungsberufe. Es besteht durch die Betonung der Differenz die Gefahr, das kulturelle System der Zweigeschlechtlichkeit zu stabilisieren, weshalb es wichtig ist, nicht nur die Differenz, sondern auch die Gleichheit in den Blick zu nehmen. Deswegen ist hier der „doppelte Blick", der auch andere Ebenen und Komponenten der Differenz mit einbezieht, besonders wichtig.

5.2.3 Die (de-)konstruktivistische Perspektive

Die (de-)konstruktivistischen Theorieansätze haben zum Ziel, das kulturelle „Gewordensein" als ein durch gesellschaftliche Verhältnisse bedingtes Verhalten zu verdeutlichen. Die (de-)konstruktivistische Perspektive fragt nicht danach, warum das Verhältnis zwischen den Geschlechtern unausgeglichen ist, sondern stellt ‚Geschlecht' an sich in Frage, da ‚Geschlecht' nach dieser Auffassung nichts ist, was Personen haben, sondern etwas, das im täglichen Miteinander immer wieder hergestellt wird. Verdeutlicht werden soll, dass es sich bei der Produktion von Geschlechterverhältnissen um Konstruktionen handelt, die im täglichen Miteinander immer wieder hergestellt und (re)produziert werden. Geschlechtstypische Unterschiede sind nach dieser Auffassung das Ergebnis kulturhistorischer und gesellschaftlich-ökonomischer Prozesse.[157] Diese Prozesse werden zumeist nicht bewusst wahrgenommen. Gerade im kindlichen Spiel stellen Jungen und Mädchen das Geschlechterverhältnis neu wieder her, reproduzieren, variieren und überschreiten es. Auf der (de)konstruktivistischen Theorie beruhende pädagogische Handlungsansätze versuchen Möglichkeiten für Mädchen und

---

[156] vgl. Focks, P. (2002): a. a. O.: S.43.
[157] vgl. Focks, P.(2002): a. a. O.: S.48.

Jungen zu schaffen, sich selbst und die eigenen Interessen und Fähigkeiten geschlechtsunabhängig zu entdecken und auszuprobieren.

Alle drei theoretischen Perspektiven sind als bewusste bzw. unbewusste Haltungen oder Sichtweisen im Kindergarten mehr oder weniger stark ausgeprägt vertreten und ermöglichen unterschiedliche Sichtweisen auf den pädagogischen Alltag und Kriterien zur Analyse desselben.

Die Gleichheitsperspektive richtet den Fokus auf die Herstellung von gleichen Möglichkeiten, Rechten und Chancen und eine gleichberechtigte Teilhabe für Jungen und Mädchen im und am Leben in der Gesellschaft. Die differenztheoretische Perspektive richtet das Augenmerk darauf, die Unterschiede wahrzunehmen. Aus der (de-)konstruktivistischen Perspektive betrachtet, liegt das Augenmerk bewusst auf den Konstruktionen der Mädchen und Jungen von Männlichkeit und Weiblichkeit und ihrer situativen Herstellung, bei der sie sowohl geschlechtliche Zuschreibungen überschreiten, als auch schon überschritten haben können. Dies erscheint mir persönlich als besonders wichtig.

Um Mädchen und Jungen in ihrer Unterschiedlichkeit und Vielfalt, ihren unterschiedlichen „Interessen, Fähigkeiten und Seinsweisen" entsprechend zu fördern, bedarf es einer geschlechtergerechten Pädagogik. Grundvoraussetzung hierfür ist, dass die Erzieherinnen und Erzieher über eine gewisse „Genderkompetenz" verfügen, um die Jungen und Mädchen in ihrem Entwicklungsprozess unterstützen zu können.[158]

5.3 Genderkompetenz im Kindergarten

Grundsätzlich geht es im Kindergarten wie überall in der Kinder- und Jugendhilfe um die fachkompetente Unterstützung der Mädchen und Jungen in ihren jeweiligen Entwicklungs- und Bildungsprozessen. Hierzu ist es u.a.

---

[158] vgl. Focks, P.(2002): Starke Mädchen, starke Jungs; a. a. O.: S.54.

notwendig, Strukturen zu schaffen, die Bildungsprozesse ermöglichen. Demgegenüber fragt Gender Mainstreaming zunächst einmal ‚nur' nach dem Beitrag, den der Kindergarten als Einrichtung der Kinder- und Jugendhilfe zu mehr Geschlechtergerechtigkeit leisten kann.

Fördermittel aus den Europäischen Sozialfonds können für Projekte bezogen werden, wenn der Gerechtigkeitsaspekt zwischen den Geschlechtern im Mittelpunkt steht, „während das Thema selbst in der Vorlage zum ESF (Europäischer Sozialfond) nicht weiter ausdifferenziert"[159] wird. Dennoch besteht die allgemeine Aufforderung, durch Gender Mainstreaming eine genaue Analyse durchzuführen.[160]

Entscheidend wichtig für das Gelingen des Gender Mainstreaming Prozesses ist die Genderkompetenz der beteiligten Akteurinnen und Akteure.

Genderkompetenz kann nach Corinna Voigt-Kehlenbeck unterschieden werden in „einfache Genderkompetenz", welche das Wissen um die Instrumente und Methoden des Gender Mainstreaming umfasst und eine „Genderkompetenz im erweiterten Sinne", welche sich auf die „Anwendung von sozialpädagogischen Perspektiven unter geschlechtsreflexiven Vorzeichen" bezieht. [161]

5.3.1 Einfache Genderkompetenz

Zur Ermittlung der einfachen Genderkompetenz wird eine Strukturanalyse empfohlen. Hierbei geht es zunächst um die Ermittlung der genauen Fakten. Parallel zur Ist-Analyse müssen die gleichstellungspolitischen Ziele von allen beteiligten Akteuren und Akteurinnen diskutiert werden, da eine genaue Diagnose zur Einleitung der Maßnahmen Voraussetzung ist. Die Diskussion im Vorfeld ist wichtig, damit die Bemühungen nicht in „bürokratischen Ober-

---

[159] Voigt-Kehlenbeck, C (o.J.).: Genderkompetenzen; a. a. O.: S.2.
[160] vgl. hierzu: in diesem Buch: 2.3.2.3 Geschlecht als Strukturkategorie in der Sozialen Arbeit, S.37-42.
[161] vgl. hierzu: Voigt-Kehlenbeck, C. (o. J.): Genderkompetenzen; a.a.O: S.1.

flächlichkeiten" versiegen. Die beteiligten Akteure und Akteurinnen sind unterschiedlich, haben zumeist unterschiedliche Veränderungswünsche und empfinden unterschiedliche Dinge als ungerecht. „Gerechtigkeit ist ein sehr emotional besetzter Begriff, der als solcher klärungsbedürftig ist"[162]. Es muss zu einem Diskurs in einer Einrichtung oder einem Arbeitsbereich der Kinder- und Jugendhilfe (einem Kindergarten) kommen, der zunächst mit einer Qualifizierung der Entscheidungsträger, der Leitungsebene oder der am Planungsprozess maßgeblich Beteiligten beginnt. Gemeinsam muss eine primäre, geschlechterpolitische Zielsetzung formuliert werden.

Wie schon erwähnt, geht es zunächst darum, keine Gleichmacherei zu betreiben, sondern evtl. Differenzen und unterschiedliche Betroffenheiten von Frauen und Männern, Mädchen und Jungen konsequent in alle Entscheidungen mit einzubeziehen, wobei es nicht um ‚wesenhafte Unterscheidungen‘, sondern um die Unterscheidung von möglicherweise differenten Betroffenheiten geht. Die Differenz auf allen politischen und fachlichen Ebenen zu überdenken, ist genderpolitisches Ziel. Hierfür müssen Daten erhoben werden. Dabei wird davon ausgegangen, dass es schon durch die Beachtung der Differenz, also die Anerkennung von Unterschiedlichkeiten, zu einer Veränderung der Geschlechterverhältnisse kommt.

Hieraus ergeben sich unterschiedliche genderpolitische Ziele:[163]

Ein mögliches genderpolitisches Ziel eines Kindergartens beträfe die kontinuierliche Berücksichtigung der Geschlechterdifferenz und deren Mitbeachtung bei allen Überlegungen und könnte folgendermaßen lauten:

Die Erzieherinnen und Erzieher dieses Kindergartens haben es sich zur Aufgabe gemacht, das grundlegende Ziel zu verfolgen, auf allen Entscheidungs- und Handlungsebenen die Geschlechterdifferenz zu beachten, dementsprechend grundlegende Fragen schon vor und während der Planung der

---

[162] Voigt-Kehlenbeck, C. (o.J.): Genderkompetenzen; a. a. O.: S.4.
[163] vgl. hierzu: Voigt-Kehlenbeck, C. (o.J.): Genderkompetenzen; a. a. O.: S.4-7.

pädagogischen Arbeit zu formulieren und, wenn nötig, weitergehend differenzierte Daten zu ermitteln, um die evtl. vorhandene Differenzen unter den Geschlechtern bei allen Handlungen, Planungen und Überlegungen mit einzubeziehen.

Dies würde der unter 5.2.2 beschriebenen differenztheoretischen Perspektive entsprechen.

Ein weiteres mögliches genderpolitische Ziel setzt einen anderen Schwerpunkt, indem es Gleichstellung bzw. Gleichwertigkeit in den Mittelpunkt rückt. Veränderungen sollen hierbei dadurch zustande kommen, dass für Frauen und Männer, Mädchen und Jungen gleiche Zugangsvoraussetzungen zu allen Bereichen ermöglicht werden. Im Mittelpunkt der Aufmerksamkeit steht das Bemühen um die Aufdeckung und Aufhebung geschlechtsbezogener „sexueller Diskriminierungen und anderer an das Geschlecht gebundenen Wertungen und Ausgrenzungen"[164]. Die Betonung liegt hier nicht unbedingt auf der Sichtbarmachung von Unterschieden, sondern darauf, Aktivitäten zu initiieren, die dazu beitragen sollen, dass es zu einer Wahrnehmung der unterschiedlichen Bewertungen verschiedener Tätigkeiten kommt.

Traditionell eher von Frauen erbrachte gesellschaftliche Leistungen, u.a. auch die sog. „Frauenberufe", werden geringer bewertet als z. B. Berufe, deren Ausbildung im Dualen System erfolgt. Es geht hierbei u.a. auch um die Aufwertung dieser Frauenberufe und die Möglichkeiten zur Verbesserung der Vereinbarkeit von Beruf und Familie. Wird der Schwerpunkt auf die Gleichstellung bzw. Gleichwertigkeit von männlich und weiblich konnotierten Eigenschaften gesetzt, könnte das genderpolitische Ziel einer Einrichtung lauten:

Die Erzieherinnen und Erzieher dieses Kindergartens beziehen auf allen Entscheidungs- und Handlungsebenen in ihre Überlegungen mit ein, welche Maßnahmen getroffen werden müssen, „um das Thema Gleichwertigkeit und

---

[164] Voigt-Kehlenbeck, C.(o.J.): Genderkompetenzen; a. a. O.: S.5.

Gleichstellung in Richtung auf eine veränderte Realität von Männern und Frauen [und Mädchen und Jungen] konkret werden zu lassen"[165].

Dies würde der unter 5.2.1 beschriebenen Gleichheitsperspektive entsprechen.

Das dritte mögliche genderpolitische Ziel stellt die „Entdramatisierung der Geschlechtergrenzen" in den Mittelpunkt. Dieser Ansatz berücksichtigt vor allem die geschlechterbedingten Einschränkungen der Persönlichkeitsentwicklung, hervorgerufen durch die Dramatisierung der Geschlechtergegensätze. Die pädagogische Haltung der Erzieherinnen und Erzieher ist hier relevant. Analysiert werden „Zuschreibungsprozesse, die in Form von geschlechtsgebundenen Wertungen an Kinder und Jugendliche im Prozess ihrer Persönlichkeitsentwicklung herangetragen werden"[166]. Wie schon anfangs in diesem Buch erläutert, ist die Geschlechterordnung implizit in allen Einrichtungen und Bereichen unserer Gesellschaft verankert, und alle beteiligten Personen tragen zur Stabilität dieses Systems bei. Aufgrund dessen ist es wichtig, dass innerhalb des Kindergartens über die Geschlechterordnung in ihrer kulturellen Überformung diskutiert wird, da so auch die eigene Mitbeteiligung der Erzieherinnen/Erzieher und anderer am Miteinander im Kindergarten beteiligten Personen an der immer wiederkehrenden Rekonstruktion der Verhältnisse und Reproduktion der Geschlechterverhältnisse genauer betrachtet und analysiert werden kann. Nicht nur Kindergärten und Angebote, sondern auch die Qualifikation der Erzieherinnen und Erzieher und ihre Beteiligung an der Fortschreibung und gegebenenfalls Verfestigung der bestehenden Verhältnisse werden hier analysiert. Mit dem (de-)konstruktivistischen Ansatz werden die Konstruktionsprozesse (die Prozesse der Differenzherstellung) analysiert. Hierbei wird Gender nicht als Geschlechterrolle (als eine feste unveränderliche Größe) ver-

---

[165] Voigt-Kehlenbeck, C.(o.J.): Genderkompetenzen; a. a. O.: S.5.
[166] Voigt-Kehlenbeck, C.(o.J.): Genderkompetenzen; a. a. O.: S.5.

standen, sondern als etwas Konstruiertes. So gesehen ist auch ‚Geschlechts-identität‘ nicht wirklich stabil und gegensätzlich, sondern beinhaltet immer auch die Vielfalt und Veränderlichkeit, welche jenseits der eindeutigen Kategorien ‚Mann‘und ‚Frau‘ liegen. Ziel der (de-)konstruktivistischen Ansätze ist es, die Geschlechterdichotomie als hierarchisch strukturiertes System zu entlarven, geschlechtsspezifische Zuschreibungen zu vermeiden und den sog. Normalisierungszwängen entgegenzuwirken. Gelingen kann dies durch die Beschreibung der Konstruktionsprozesse von Geschlechtlichkeit.

Zu formulierendes genderpolitisches Ziel wäre hier:

Die Mitarbeiterinnen und Mitarbeiter in diesem Kindergarten untersuchen auf allen Entscheidungs- und Handlungsebenen, ob und wie es zu geschlechterhierarchischen Zuschreibungen kommt und wie diese gemindert bzw. vermieden werden können. Das Team und die Zusammenarbeit unter den einzelnen Mitarbeiterinnen und Mitarbeitern im Team ist ebenso Bestandteil des Reflexionsprozesses, wie die Veränderung der Entscheidungsstrukturen zur Schaffung von mehr Partizipationsmöglichkeiten für Mädchen und Jungen. Ziel ist es, neue Ideen und Maßnahmen zu entwickeln, die dazu beitragen, evtl. bestehende Zuschreibungsstrukturen der Geschlechterdifferenz zu entdramatisieren.

Dies entspricht der unter 5.2.3 beschriebenen (de-)konstruktivistischen Perspektive.

Wobei letztendlich auch die (de)konstruktivistische Perspektive mit dem Problem (siehe auch die differenztheoretische Perspektive) zu kämpfen hat, dass allein durch das Benennen der Differenz schon eine Reproduktion erfolgen kann. Deswegen ist es wichtig, dass beim Beschreiben darauf geachtet wird, dass diese evtl. Differenzen genau beschrieben werden: diese treten bei genauerer Betrachtung in einem bestimmten Kontext zu einer bestimmten Zeit auf.

5.3.2 Erweiterte Genderkompetenz: Genderpädagogische Perspektive

Genderkompetenz im erweiterten Sinne bezieht sich auf die „Anwendung von sozialpädagogischen Perspektiven unter geschlechtsreflexiven Vorzeichen"[167]. Die in der Kinder- und Jugendhilfe und somit auch im Kindergarten geforderte Umsetzung von Gender Mainstreaming mit den unter Punkt 3 dieser Veröffentlichung beschriebenen Instrumenten und Methoden hat nach Corinna Voigt-Kehlenbeck eher für Verwirrung gesorgt, als dass diese als Hilfe bei der Arbeit empfunden wurde. Gender Mainstreaming ist, wie ich in meinen bisherigen Ausführungen aufgezeigt habe, kein pädagogisches Konzept, sondern ein Instrument, das die strukturelle Analyse bislang geschlechtsunspezifisch ausgerichteter Arbeitszusammenhänge ermöglichen soll.[168]

Die Fortbildungsangebote beziehen sich jedoch nicht auf die Vermittlung von Instrumenten zur Umsetzung von Gender Mainstreaming in den jeweiligen Einrichtungen, sondern „es dominieren Reflexionsprozesse bezogen auf die pädagogische Haltung des Fachpersonals"[169].

Der erste Schritt eines Gender Mainstreaming-Prozesses ist jedoch eine Gender Analyse. Hierbei handelt es sich um eine Analyse der Strukturen, die notwendig ist, um verdeckte Benachteiligungen und Bevorzugungen aufzuzeigen und zu beseitigen. Hierfür müssen Fakten ermittelt und ausgewertet werden, die für jede Einrichtung unterschiedlich sein können. Auf Grundlage dieser Daten können dann beabsichtigte Veränderungen diskutiert und

---

[167] vgl. hierzu: Voigt-Kehlenbeck, C.(o.J.): Genderkompetenzen in der Kinder- und Jugendhilfe,a. a. O.: S.1.

[168] vgl. Voigt-Kehlenbeck, C.(o.J.): Erfahrungen aus Weiterbildung von Fachkräften der Kinder- und Jugendhilfe im Rahmen von Gender Mainstreaming und Konsequenzen für die Umsetzung von Gender Mainstreaming in der Kinder- und Jugendhilfe: Expertise für das Projekt: Gender Mainstreaming in der Kinder- und Jugendhilfe, DJI , S.1-27, S.5.

[169] Voigt-Kehlenbeck, C.(o.J.): Erfahrungen aus Weiterbildung von Fachkräften, a. a. O.: S.9.

initiiert werden. Argumentiert wird hier, dass es nur durch eine passgenaue Ermittlung von Daten dazu kommen kann, dass der Gerechtigkeitsaspekt, beiden Geschlechtern gegenüber, aufgegriffen werden kann.[170]

Während Gender Mainstreaming als politisches Instrument auf die Beseitigung bestehender geschlechtsbedingter Ungleichheiten und die Abschaffung von hierarchischen Strukturen gerichtet ist, setzt die Genderpädagogik, als differenzierte fachliche Perspektive, auf eine zunehmende Qualifikation in der (Sozial-)Pädagogik. Gelingen soll dies durch das Einbeziehen und Aufarbeiten von neueren Erkenntnissen über die Konstruktion Geschlecht, die Beachtung sozialpolitischer Aspekte der Geschlechterverhältnisse und den Blick auf bestehende Ungerechtigkeiten, mit dem vorrangigen Ziel der Qualifikation des fachlichen Diskurses. Erweiterte genderpädagogisch ausgerichtete Genderkompetenz bemüht sich darum, sozialpolitische Veränderungen wie sie z. B. bedingt durch die Globalisierung oder Veränderungen des Sozialstaates entstehen, im Geschlechterdiskurs mit zu diskutieren und zu integrieren und auch die „eigenen Handlungsebenen unter geschlechtsreflexiven Vorzeichen zu bewerten und eine fachlich-kritische Distanz zur eigenen Handlungsebene zu suchen."[171]

Fachkompetentes pädagogisches Handeln setzt also eine genaue Analyse des pädagogischen Miteinanders aller Beteiligten voraus, setzt aber auch ganz persönlich bei den Erzieherinnen und Erziehern, Jungen und Mädchen, Müttern, Vätern und anderen Erziehungsberechtigten an. Die Reflexion der eigenen Erfahrungen spielt eine wichtige Rolle, da hier nach der Gestaltung des Prozesses gefragt wird, der es Mädchen und Jungen ermöglicht, gleichberechtigt als mündige Bürgerinnen und Bürger am und im Leben einer demokratischen Gemeinschaft teilzunehmen und diese mitzugestalten und

---

[170] vgl.: Voigt-Kehlenbeck, C. (o.J.): Genderkompetenzen in der Kinder- und Jugendhilfe,a. a. O.: S.6/7.
[171] vgl. Voigt-Kehlenbeck, C. (o.J.): Genderkompetenzen in der Kinder- und Jugendhilfe, a. a. O.: S.7.

gegebenenfalls zu verändern.

Erzieherinnen und Erzieher bzw. Sozialpädagoginnen und Sozialpädagogen müssen ihre eigene, auf Toleranz und Respekt begründete Handlungskompetenz erweitern, um sozialpädagogische und geschlechtsspezifische Sichtweisen miteinander zu verbinden.

Für den Erwerb der Genderkompetenz gibt es verschiedene Umsetzungsmöglichkeiten, auf die ich im Kapitel 6 „Zur Umsetzung geschlechtergerechter Pädagogik im Kindergarten" näher eingehe.

Grundsätzlich müssen Erzieherinnen und Erzieher alle drei theoretischen Perspektiven kennen und die formulierten, genderpolitischen Ziele berücksichtigen, da diese hilfreich sein können, in der Kindergartenpraxis beobachtetes Verhalten „zu analysieren und Handlungsansätze zu entwickeln."[172]

5.4 Bedeutung der Sozialisation für die Entwicklung der Mädchen und Jungen

Für die Förderung der Vielfalt und Einzigartigkeit der Jungen und Mädchen ist es unbedingt notwendig, dass die Erzieherinnen und Erzieher sich mit Lebenswelten und Sozialisationsprozessen der Mädchen und Jungen auseinandersetzen und hierauf eine geschlechtergerechte Pädagogik aufbauen. Ganz allgemein ist unter Sozialisation der Einordnungsprozess des einzelnen Individuums in die Gemeinschaft zu verstehen. Sozialisation ist kein passiver, sondern ein aktiver Prozess. Des Weiteren findet Sozialisation nicht isoliert statt, sondern jedes einzelne Individuum entwickelt sich in einem eigenen individuellen Verhältnis zur Umwelt. Der Prozess der Entwicklung und Entstehung der menschlichen Persönlichkeit ist hierbei abhängig von den jeweils aktuellen sozialen und materiell-dinglich vorherrschenden Lebens-

---

[172] Focks, P.(2002): Starke Mädchen, starke Jungs; Herder Verlag, Freiburg i.B., a. a. O.:S.54.

bedingungen und findet in Auseinandersetzung mit diesen statt. „[...]Sozialisation bezeichnet [somit] den Prozess, in dessen Verlauf sich der mit einer biologischen Ausstattung versehene menschliche Organismus zu einer sozial handlungsfähigen Persönlichkeit bildet, die sich über den Lebenslauf hinweg in Auseinandersetzung mit den Lebensbedingungen weiterentwickelt"[173]. Es handelt sich bei der Sozialisation also um einen wechselseitigen, kontextbezogenen Prozess, der durch die Auseinandersetzung mit der Umwelt und natürlich auch die Auseinandersetzung mit den in dieser bestehenden Geschlechterverhältnissen mitbestimmt wird. Aufgrund der immer größeren Zeitspanne, die Kinder im Kindergarten verbringen, ist dieser zu einer wichtigen Sozialisationsinstanz geworden.

5.4.1 Geschlechterverhältnis und Persönlichkeitsentwicklung

Sozialisationsprozesse und lebensweltliche Zusammenhänge sind wichtige Faktoren bei der Entwicklung der geschlechtlichen Identität. Schon mit der Geburt sind Kinder dem intensiven Einfluss unterschiedlicher sozialer und kultureller Faktoren ausgesetzt, was sich im Kindergarten fortsetzt und die Entwicklung der Geschlechtsidentität von Jungen und Mädchen beeinflusst.[174] Die verschiedensten Faktoren spielen bei dieser Entwicklung eine Rolle und beeinflussen sich wechselseitig. Hierzu gehören auch die lebensweltlichen Rahmenbedingungen, wie z. B. Geschlecht oder Wohnort. Diese kulturellen und gesellschaftlichen Rahmenbedingungen haben entscheidenden Einfluss auf die Entwicklung der Mädchen und Jungen und sind von Beginn an geschlechtsstrukturiert. Die Strukturen können nicht einfach beseitigt, aber zumindest modifiziert und variiert werden. Aussagen über die Bedingungen, unter denen Jungen und Mädchen aufwachsen, müssen deshalb immer sowohl die Strukturen, als auch die in diesen Strukturen

---

[173] Hurrelmann 1993, S.14, zitiert und erläutert bei Nestvogel, R.(2004): Sozialisationstheorien: Traditionslinien, Debatten und Perspektiven, S.153.
[174] vgl. Focks, P.(2002): a. a. O.: S.55.

handelnden Personen berücksichtigen. Unsere Gesellschaft ist, wie schon unter 2.3.2.1 Geschlecht als soziales Verhältnis erläutert, hierarchisch strukturiert und von der Differenz der Geschlechter bestimmt. Um den Prozess des Aufwachsens von Mädchen und Jungen in der Gesellschaft zu verstehen, ist es deshalb erforderlich, die gesellschaftlichen Verhältnisse und die innerpsychischen Vorgänge zu betrachten.[175]

Die Wechselwirkungen zwischen Mädchen/Jungen und ihrer Umwelt und die in der Entwicklung erfolgende aktive Auseinandersetzung der Jungen und Mädchen mit den von ihnen vorgefundenen gesellschaftlichen, „zwei-geschlechtlichen" Strukturen sollen im Folgenden an Beispielen erläutert werden.

Das Geschlechterverhältnis im sozialen Umfeld

Die Erwartungen, die Eltern heute an und für ihre Kinder haben, sind zumeist nicht geschlechtsspezifisch: Eltern wünschen sich eine Tochter/einen Sohn die/der stark, im Sinne von sozial-verantwortlich, selbstständig, durch-setzungsfähig, klug und zärtlich ist. Ebenso möchten sie, dass ihr Kind auf die vor ihm /ihr liegenden Lebensaufgaben so vorbereitet ist, dass es mit diesen zurechtkommt.[176] Eltern bemühen sich also, von diesen Wünschen ausgehend, auch ihre Kinder in diesem Sinne zu erziehen. Kinder lernen jedoch auch dadurch, dass sie gezeigte Verhaltensweisen anderer Kinder und Erwachsener beobachten und nachahmen. Dieser auch als „Lernen am Modell" bezeichnete Prozess hat insofern starke Auswirkungen, dass die Kinder die Aufgabenver-teilung und Arbeitsteilung wahrnehmen und diese somit auch Auswirkungen auf die Entwicklung ihrer geschlechtlichen Identität haben. Innerhalb der Ge-sellschaft sind Frauen und Männern unterschiedliche Zuständigkeiten zu-geordnet. Kinder lernen dies relativ früh, da sie es zum Beispiel selbst

---

[175] vgl. Focks, P. (2002): a. a. O.: S57.
[176] vgl. Focks, P. (2002): a. a. O.: S.58.

dadurch erleben, dass Frauen für Jungen und Mädchen zumeist die primären Bezugspersonen sind und durch diese ihr Lebensraum gestaltet wird. Die entscheidenden Positionen in Politik, Kultur und Ökonomie in der Gesellschaft, sind jedoch immer noch zum größten Teil von Männern besetzt.[177] Zusätzlich erfahren die Kinder auch, dass vielfach Tätigkeiten unterschiedlich bewertet werden und die Wertigkeit oft davon abhängt, ob eher ein Mann oder eher eine Frau die Tätigkeiten ausführen.

Das Geschlechterverhältnis im Umfeld der Medien

Ein wichtiges Spielthema von Jungen und Mädchen ist das Erwachsenwerden. Erwachsene nehmen in unserer Gesellschaft als Frauen und Männer unterschiedliche Rollen ein und werden unterschiedlichen Bereichen zugeordnet, wodurch Mädchen durch die wesentlich stärkere Präsens von Frauen mehr reale Bezugspunkte und somit auch Identifikationsmöglichkeiten erhalten. Durch die relative Abwesenheit von Männern im Leben kleinerer Kinder sind Jungen viel stärker an medialen Vorbildern orientiert. Jedoch erfolgt die Vermittlung der Geschlechterverhältnisse für Jungen und Mädchen zusätzlich zu der Vermittlung über nahe Bezugspersonen immer mehr über die Medien, die mittlerweile als eigenständige Sozialisationsinstanz angesehen werden können. Mit Medien haben Kinder in vielfältiger Form zu tun. Sie beschäftigen sich mit dem Fernsehen, der Werbung, dem Spielzeug und den unterschiedlichsten Kinderbüchern. In und über alle diese Medien werden immer gesellschaftliche Vorstellungen von „Weiblichkeit" bzw. „Männlichkeit" vermittelt. Diese werden als geschlechtsstereotype Verhaltensweisen bezeichnet. So glich bei einer auf Beobachtungen beruhenden Untersuchung zum Verhalten von Jungen und Mädchen im Kindergarten, die von Martin Verlinden 1995 veröffentlicht wurde, die Rollenverteilung im

---

[177] vgl. Focks, P. (2002):a. a. O.: S 58 – (**Anm. d. Autorin:** Frau Merkel, die z.Z. Bundeskanzlerin ist, würde ich (noch) als eine Ausnahme bezeichnen.)

Rollenspiel oftmals medialen Vorbildern und beinhaltete diese stereotypen Verhaltensweisen:

Während der Beobachtungen zufolge Jungen zumeist scheinbar selbstverständlich „dominante, grobmotorisch anspruchsvolle, riskante aber auch unsoziale Rollen, z. B. als bestimmender Anführer, Prahler voller Heldentaten, mutiger Retter in größter Not, Angst einjagender Räuber, gnadenloser Fänger, grausiger Handlanger, schreckliches Untier und kraftstrotzender Beschützer" übernahmen, waren die Rollen, die von Mädchen eingenommen wurden, eher andere. Mädchen übernahmen im Vergleich zu den Jungen eher Rollen, die Eigenschaften wie Nachgiebigkeit und musische Fähigkeiten enthalten. Es waren eher risikoarme und anderen helfende Rollen, wie z. B. die Rolle der besorgten Mutter, lieblichen Braut, verständigen Lehrerin, verwunschenen Prinzessin, zerbrechlichen Fee, dienstbereiten Verkäuferin, des zahmen Haustieres oder der hilflosen Gefangenen.[178] Diese Verhaltensweisen nehmen die Kinder nicht nur über Werbung und Fernsehen, sondern oftmals auch über die in den Kindergärten vorhandene Bilderbuch-Literatur auf.

Einen ähnlich unreflektierten Umgang mit Geschlechtsstereotypen zeigt auch der Spielzeugbestand, der zum großen Teil geschlechtsspezifisch nach Mädchen bzw. Jungen unterteilt werden kann. Hierbei zeigt sich: Eher als mädchentypisch bezeichnetes Spielzeug fördert einfühlsames, hauswirtschaftsnahes Verhalten und ist im Alltagsgeschehen verhaftet, während das sog. eher jungentypisch Spielzeug mehr die selbstständige Auseinandersetzung mit der Umgebung fördert.[179] So stellte auch Melitta Walter extreme Unterschiede im Spielzeugangebot für Mädchen und Jungen fest: „Nachdenken, forschen, zusammenbauen....Diese kindlichen Erfolgserlebnisse, wenn aus Einzelteilen ein ganzes, immer wieder anders aussehendes Gebilde

---

[178] vgl. Verlinden, M. (1995): Mädchen und Jungen im Kindergarten, S. 176.
[179] Focks, P.(2002): a. a. O.: S.61.

entstehen kann, bekommen überwiegend Jungen"[180]. Diese Beschreibung deckt sich mit meinen eigenen Ergebnissen bei einer vorweihnachtlichen Suche nach einem größeren Lego-Modell für meine Tochter: Fast das komplette Lego-Angebot des von mir angesteuerten größten Spielzeugladens in unserer Gegend bestand aus eher für Jungen interessanten Modellen: Es gab die verschiedensten Bagger, Autos und anderen Fahrzeuge als große Legobausätze mit vielen kleinen und großen Steinen, die sich zu den unterschiedlichsten Auto- und Baggermodellen zusammensetzen ließen. Es gab auch Modelle, die meiner Tochter gefallen hätten: z. B. ein Schloss und ein Tierpark. Die Firma Lego hat zwar (für Mädchen) extra die Serie Bellville herausgebracht, deren Baumöglichkeiten können aber meiner Meinung nach, als ‚fast nicht vorhanden' bezeichnet werden.

Aufgrund dieser Tatsache habe ich diese Modelle dann nicht gekauft: Im Gegensatz zu den Bagger- und Automodellen bestanden hier, wie eben schon erwähnt, eigentlich fast keine Baumöglichkeiten: Es mussten nur wenige größere Teile zusammengesetzt werden: Es gab nicht viele Variations- und Umbaumöglichkeiten, sodass das Bauen nur kurze Zeit gedauert hätte und schnell uninteressant geworden wäre. Letztendlich habe ich mich dann für ein „Doppelhaus" entschieden, da dies der einzige Bausatz war, der einen etwas längeren Bauvorgang versprach, mehrere Umbau- und Ausbaumöglichkeiten enthielt und dessen Ergebnis, nach meiner Einschätzung, meiner Tochter auch zum Spielen zusagte.

Meine Erkenntnisse ähneln den Erfahrungen von Cheryl Benard und Edit Schlaffer. Lego macht auch ihrer Ansicht nach eindeutig Unterschiede zwischen Mädchen und Jungen und dies zuungunsten der Mädchen. So lässt sich nach Benard und Schlaffer die geschlechtsdifferente Botschaft eines Lego-Katalogs wie folgt zusammenfassen: „Mädchen und Frauen interessieren sich in erster Linie für ihr Aussehen, ihre Kleidung und ihre Frisur.

---

[180] Walter, M. (2005): Jungen sind anders, Mädchen auch; Kösel Verlag, München, S.96.

Dinge, die sie selber zusammenbauen sollen, müssen sehr einfach sein, damit die eitlen, dümmlichen Dinger nicht überfordert werden. Botschaft an das Mädchen: Wir, die Hersteller dieses weltbekannten Produkts, trauen dir nichts zu. Wir sehen dich als rosarotes Zuckerpüppchen"[181].

Benard und Schaffer machen gerade auch im Verhältnis zu den „Jungenlegoserien" auf die eklatanten Defizite bei den Baumaterialien für die Mädchen aufmerksam: Während es bei den Jungenserien langsam und schrittweise zu einer Steigerung der Kompetenzen kommt, sind die Bau- und Entwicklungsmöglichkeiten der sog. Mädchenserien sehr begrenzt. So werden die Jungenserien von Modell zu Modell komplexer und schwieriger und Jungen lernen schrittweise, immer kompliziertere Anleitungen zu verstehen, und komplexere Bauten zu erstellen. Bei den wenigen Legomodellen für Mädchen fehlen diese steigenden technischen Anforderungen. Allerdings ließen sich durch wenig aufwendige Erweiterungen die sog. Jungenserien auch für Mädchen interessant gestalten. So ließe sich z. B. die Serie Burg mühelos so erweitern, dass auch Mädchen hieran Interesse zeigen, denn auch im Mittelalter gab es Frauen. Allerdings ist die einzig vorhandene weibliche Spielfigur dieser Serie eine Hexe. Würde die Burg zum Beispiel um einen Zauberbrunnen Prinzen, Prinzessinnen und ein Dorf ergänzt, ergäben sich für Mädchen und *Jungen* interessante Spiel- und Bauvarianten. [182]

Das Geschlechterverhältnis in der alltäglichen Interaktion
In der alltäglichen Interaktion zeigt sich, dass an Jungen und Mädchen schon von Geburt an unterschiedliche Erwartungen und Vorstellungen geknüpft werden. Vielfach wird auch gleiches Verhalten bzw. die selbe Tätigkeit je

---

[181] vgl. Benard, C.; Schlaffer, E. (2000): Wie aus Mädchen tolle Frauen werden, Verlag Heyne, München: besonders Kapitel 3: Verspielte Chancen – rosa Gift in Spielzeug-schachteln, S.71-110, S.74/75.
[182] vgl. hierzu auch Benard, C.; Schlaffer, E. (2000): Wie aus Mädchen tolle Frauen werden, S.71-110.

nachdem, ob sie von Jungen oder Mädchen gezeigt bzw. ausgeführt werden, unterschiedlich wahrgenommen bzw. bewertet und ebenso in alltäglichen Interaktionsprozessen unterschiedlich anerkannt und bestätigt bzw. abgelehnt. Dies gilt auch für die Interaktion im Kindergarten:

Studien, die sich mit den vorherrschenden Sozialisationsbedingungen in Kindergärten beschäftigen, kommen zu der Erkenntnis, dass durch die pädagogischen Interaktionen in den Einrichtungen, die ungleichen Geschlechterverhältnisse eher verstärkt, als vermindert werden. Dies geschieht überwiegend ungewollt und unbewusst.[183]

Entgegengewirkt werden kann dem durch eine umfassende Beobachtung und kritische Reflexion der Verhältnisse im Kindergarten immer auch im Bezug auf das Geschlechterverhältnis. Hierzu gehört auch die Untersuchung z. B. der Regeln, Rahmenbedingungen, räumlichen Verhältnisse, des Erzieherinnen- und Erzieherverhaltens und vieler andere Punkte.[184]

Aufbau der Geschlechtsidentität als Entwicklungsaufgabe

Jedes Kind durchläuft in einem bestimmten Alter bestimmte Entwicklungsschritte. Als Entwicklungsaufgabe kann ein von der Gesellschaft, vom Kind oder von der Altersgruppe selbst auferlegtes Lernfeld, z. B. eine konkrete Fertigkeit oder Kompetenz, das zur Bewältigung von realen Anforderungen in verschiedenen Bereichen des Lebens notwendig ist, bezeichnet werden. Entwicklungsaufgaben bezeichnen psychisch und sozial vorgegebene Erwartungen und Anforderungen, die an eine Person in einem bestimmten Lebensabschnitt gestellt werden. Entwicklungsaufgaben sind in gewisser Hinsicht also aufeinander aufbauende individuelle Entwicklungsschritte der Persönlichkeitsentwicklung.

Eine der zentralen Entwicklungsaufgaben ist der Aufbau der Geschlechts-

---

[183] vgl. Focks, P. (2002): a. a. O.: S. 65.
[184] vgl. Focks, P. (2002): a. a. O.: S. 65.

identität.[185] Eine oft vertretene Annahme zum Aufbau der Geschlechtsidentität ist die, dass Jungen und Mädchen zunächst in der Phase der primären
Sozialisation feste Kategorien (Geschlechterstereotype) bevorzugen, um so
die eigene Individualität besser zu begreifen und einordnen zu lernen. Dies
lässt sich bei Kindern im Kindergartenalter ganz deutlich beobachten, wenn
diese beispielsweise gebeten werden, einen Jungen und ein Mädchen zu
malen (vgl. hierzu das Titelbild).

Obwohl meine Tochter (zu diesem Zeitpunkt fast 6 Jahre alt) von sich aus nur
ungern bzw. selten Röcke trägt, war für sie klar, dass, wenn auf dem Bild ein
Junge und ein Mädchen sein sollen, eines der beiden Kinder einen Rock an-
haben muss, damit auch jede/r sehen kann, dass es sich um einen Jungen
und ein Mädchen handelt.

Kinder lernen schon sehr früh, dass ein bestimmtes Aussehen, bestimmte
Verhaltensweisen bzw. Gegenstände und Kleidungsstücke Frauen/Mädchen
und Männern/Jungen zugeordnet werden. Gerade am Anfang der Entwicklung der geschlechtlichen Identität orientieren sie sich an Extremen, da
diese eindeutiger und zunächst leichter einzuordnen sind. Mädchen und
Jungen entwickeln so, ohne diese Prozesse bewusst zu reflektieren, im Laufe
der Zeit Vorstellungen von sich selbst: Von dem, wie sie/er sein darf und von
dem, wie sie/er sein möchte. Sie lernen, was es bedeutet, ein Mädchen/ein
Junge zu sein und bestrafen und verurteilen Verhaltensweisen bei anderen
Mädchen und Jungen, die nicht eindeutig als weiblich oder männlich
konnotiert erkannt werden können.[186]

Allerdings nehmen Mädchen und Jungen nicht nur vorgelebte Geschlechter-
Strukturen in sich auf, sondern variieren diese in verschiedenen Situationen
und lernen im Laufe ihrer Entwicklung, verschiedene Situationen auf der
Grundlage differenter, selbstgemachter Erfahrungen individuell anders zu

---

[185] vgl. Focks, P. (2002): a. a. O.: S. 68.
[186] vgl. Rabe-Kleberg, U. (2003): a. a. O.: S.86 und Focks, P. (2002): a. a. O.: S.69.

deuten und zu verarbeiten. Jungen und Mädchen können sich im Laufe ihrer Entwicklung sowohl männlich, als auch weiblich konnotierte Eigenschaften aneignen und diese im Spiel erproben. Obwohl sie sich zunächst an externen Modellen, wie Geschwistern, Eltern, Erzieherinnen, Erziehern und medialen Vorbildern orientieren, um ihre eigene Position zu finden, stellen sie auch eine Beziehung zwischen diesen Vorstellungen und ihren individuellen Wünschen und Fähigkeiten her.

Das Angebot der Umwelt und die persönlichen Neigungen sind mitbestimmend für die Ausbildung der eigenen Geschlechtsidentität der Mädchen und Jungen, wodurch auch die Unterschiede innerhalb der Gruppe der Mädchen und der Gruppe der Jungen zu erklären sind. Aufgrund dessen kommt es auch teilweise zu extremeren Unterschieden innerhalb der Gruppe der Mädchen und der Gruppe der Jungen, da die individuellen Unterschiede vielfältiger sind als die Unterteilung nach Geschlecht.[187]

So verändern sich auch die Bewältigungsstrategien von Jungen und Mädchen je nach den biografischen Begebenheiten und von der Umwelt gestellten Anforderungen, da Mädchen und Jungen nicht nur diese Strukturen verinnerlichen, sondern auch die Möglichkeit haben, diese zu variieren: So können sie sich sowohl den Erwartungen entsprechend verhalten, als auch diesen entgegengesetzt. Je nach Reaktion der Umwelt wird dieses Verhalten dann eher verstärkt oder gehemmt.

Die vielfältigen Möglichkeiten, die sich im Kindergarten im Miteinander ergeben, stellen Chancen dar, „Spielräume in der Identitätsentwicklung zu ermöglichen und Mädchen und Jungen in ihren kreativen Handlungs- und Bewältigungsstrategien zu unterstützen"[188]

---

[187] vgl. Klees-Möller, R. (1998) Mädchen in Kindertageseinrichtungen, S.22, zitiert in: Focks, P. (2002): a. a. O.: S.69.
[188] Focks, P. (2002): a. a. O.: S.71.

Geschlechtszugehörigkeit und Persönlichkeitsentwicklung

Die Geschlechtsidentitätsentwicklung verläuft jedoch zuerst über sehr starke Unterteilungen, da „in unserer Kultur eine eindeutige und unmissverständliche Ein- und Zuordnung zum männlichen oder weiblichen Geschlecht" ; erwartet wird.

Im Spiel wollen sich Mädchen und Jungen selbst als sozial besonders kompetent darstellen und neigen deshalb dazu, geschlechtsspezifische Phänomene besonders zu betonen.[189] Da Kindergartenkinder sich ihrer geschlechtlichen Identität noch nicht so sicher sind, bewältigen sie diese Unsicherheit durch eine Überbetonung der Differenz. Erzieherinnen und Erzieher müssen dies erkennen und dürfen es nicht sanktionieren, da sie sonst die Kinder in ihrer Persönlichkeitsentwicklung einschränken.[190] Trotz der rigiden Inszenierung der Kinder von Männlichkeit und Weiblichkeit werden diese Zuordnungen von ihnen noch nicht selbstverständlich akzeptiert. „So zeigen Langzeituntersuchungen zur psychosozialen Entwicklung von Mädchen, dass sie bis etwa zum Alter von neun Jahren noch über eine selbstverständliche Verbindung verfügen, zwischen dem, was sie fühlen, tun und wollen und dem, was sie ‚sind' bzw. als ‚Mädchen sein sollen'."[191]

5.4.2 Soziale Probleme durch ungleiche Geschlechterverhältnisse

Wie schon unter Punkt 2.3.2.1 „Geschlecht als soziales Verhältnis" beschrieben, gibt es in unserer Gesellschaft klar strukturierte Geschlechterverhältnisse. Hierdurch wird oftmals die freie Entfaltungsmöglichkeit des einzelnen Mädchens/Jungen, der einzelnen Frau/des einzelnen Mannes, eingeschränkt. Aber auch soziale Probleme und Verhaltensauffälligkeiten können hierdurch verstärkt werden.

---

[189] vgl. Rabe-Kleberg, U. (2003):a. a. O.: S..86.
[190] vgl. Rabe-Kleberg, U. (2003): a. a. O.: S.86.
[191] vgl. u.a. Brown, Giligan 1994, Straub 1999, zitiert in: Focks, P.: (2002) Starke Mädchen, starke Jungs; a. a. O.: S.74.

85

Expertinnen und Experten vermuten, dass z. Z. in dem Zeitraum bis zum 16. Lebensjahr, jedes 4. Mädchen Opfer sexueller Gewalt wird: „Jährlich wird mit 150.000 bis 300.000 Fällen sexuellen Kindesmissbrauchs gerechnet, etwa 10% davon an Jungen"[192]. Konkrete Angaben sind jedoch aufgrund der hohen Dunkelziffer schwer zu ermitteln. Mädchen und Jungen berichten Experten und Expertinnen zufolge durchschnittlich sechs Erwachsenen von ihren Erlebnissen, bevor (durchschnittlich) erst die siebte Person etwas unternimmt und versucht ihnen zu helfen. Viele geben jedoch wahrscheinlich schon vorher auf und versuchen die Erfahrungen zu verstecken und zu überspielen. „Auch hierin äußern sich überkommene Macht- und Rollenverteilungen zwischen den Geschlechtern"[193].

In den meisten Missbrauchsfällen handelt es sich nicht um den Mann, der das Mädchen/den Jungen zufällig auf der Straße angesprochen hat, sondern um Täter aus dem familiären Umfeld des Kindes. Die in unserer Gesellschaft und Kultur eingelassenen Geschlechterverhältnisse führen schon in der frühen Kindheit (Kindergartenalter und jünger) zu Problemen, die in der Adoleszenz gehäuft zu Auffälligkeiten führen. Hierzu gehört auch die Vorstellung darüber, sich als Junge „männlich" darstellen zu müssen. Durch das ihnen vermittelte Bild des ‚Männlichen' ist eine häufige Beschäftigung mancher Jungen, die, ihre körperliche Kraft zu „messen". Dieses Bild des Jungen, der nicht weint und immer stark ist, kann aber auch Angst verursachen, wie Dieter Schnack und Rainer Neutzling festgestellt haben. Ein Junge (16 Jahre) berichtet: „Jungen haben wohl dieselben Ängste, wie ihre weiblichen Altersgenossen. [...] Sie sollen keine Angst haben, Siegeswillen besitzen und den Mädchen überlegen sein. Mit anderen Worten; sie haben männlich zu sein.[...] Das Problem des Jungen ist es im Grunde, dass er versucht, seine Gefühle und Ängste zu verbergen. Der Junge [...] hat Angst vor seiner

---

[192] Verlinden, M. (1995): Mädchen und Jungen im Kindergarten, Köln, S.86.
[193] Verlinden, M. (1995): a. a. O.: S.87.

Angst"[194].

Wenn Jungen [und Mädchen] jedoch auch Männer erleben, die ihre Gefühle, wie zum Beispiel Schmerz und Traurigkeit zeigen, können sie dadurch lernen, dass auch traurig sein und Schmerzen haben wichtige innere Regungen sind und körperliche Anzeichen hierfür Ernst nehmen und nicht unterdrücken. Der Umgang der Jungen und Mädchen mit dem eigenen Körper sagt viel darüber aus, wie unterschiedlich Jungen und Mädchen mit Belastungen umgehen. Während Jungen häufiger als Mädchen körperliche Verletzungen haben, da sie auch häufiger zu auffälligen aggressiven Verhaltensweisen neigen und gleichzeitig über eine schlechtere körperliche Wahrnehmungsfähigkeit verfügen, sind die „Verletzungen" bei Mädchen eher unauffällig „nach innen" gerichtet, wie z. B. die bei Mädchen wesentlich häufiger vorkommenden Essstörungen zeigen. Aufgrund dessen ist eine geschlechtergerechte Pädagogik auch immer eine die Gesundheit fördernde, bei der es sowohl um die Körper- und Selbstwahrnehmung, als auch um soziales Verhalten geht. [195]

Wichtig ist es deshalb, Jungen und Mädchen, situationsbezogen zu fördern, indem das direkte Verhalten der Mädchen und Jungen zum Ausgangspunkt genommen wird.[196] Die Förderung sollte gezielt gerade in *den* Bereichen erfolgen, die in der herkömmlichen (teilweise unbemerkt erfolgenden geschlechtsspezifischen) Erziehung für Mädchen bzw. Jungen als nicht so wichtig erachtet werden.

5.4.3 Geschlechtsidentität variieren

Grundsätzlich ist festzustellen, dass Lebensläufe nicht mehr im selben Maße vorstrukturiert sind, wie das in der Vergangenheit der Fall war. Die zu-

---

[194] Schnack, D.; Neutzling, R.(1992): Wir fürchten weder Tod noch Teufel, S.133-144; S.133/134.
[195] vgl. Focks, P. (2002): a. a. O.: S.78.
[196] vgl. hierzu: Krenz, A. (2000): Der „Situationsorientierte Ansatz" im Kindergarten, Herder Verlag.

nehmende Individualisierung und Pluralisierung von Lebensverhältnissen bietet Jungen und Mädchen zumindest gedanklich mehr Chancen für differente Lebensentwürfe und eine selbstbestimmte Lebensgestaltung, was auch durch neuere Forschungsergebnisse bestätigt wird. So belegt die Shell-Jugendstudie die Vorstellungsveränderungen vor allem ostdeutscher Mädchen im Verlaufe ihrer Entwicklung sehr deutlich. „Die Bereitschaft zur beruflichen Selbstständigkeit bei gleichzeitig hohem Grad an Familienorientierung und Kinderwunsch wird zuungunsten der beruflichen Selbstständigkeit modifiziert," fasst Focks eines der Ergebnisse der Studie zusammen.[197] Diese Veränderung der Lebensplanung ist bei jungen Männern nicht festzustellen. Die Vielfalt der Lebensstile kann jedoch auch als Überforderung erlebt werden. Dies trifft vor allem auf die Mädchen und Jungen zu, deren lebensweltliche Rahmenbedingungen sie in ihrem Zugang zu den verschiedenen Ressourcen, wie z. B. finanzielle Mittel, Bildung bzw. sozialer Status, einschränken. So benachteiligt sind die neuen Chancen für diese Kinder nur wenig bzw. gar nicht nutzbar. Dies kann zu einem Rückgriff „auf vereinfachte, scheinbar eindeutige oder traditionelle Denk- und Verhaltensweisen"[198] führen.

Wie bereits im Kapitel 5.4.1 Geschlechterverhältnis und Persönlichkeitsentwicklung erörtert, inszenieren Mädchen und Jungen im Kindergarten oftmals tradierte Weiblichkeits- und Männlichkeitsmuster, um so für sich eine „scheinbare Eindeutigkeit" und dadurch Sicherheit zu erlangen.

Das bedeutet für die Praxis der geschlechtergerechten Pädagogik im Kindergarten, kindzentriert zu arbeiten und an den jeweiligen Stärken und Ressourcen der Mädchen und Jungen anzusetzen. Dies ermöglicht es Mädchen und Jungen, sich zu starken Persönlichkeiten zu entwickeln, denen es dann gelingt, mit den gesellschaftlichen Anforderungen zurechtzukommen,

---

[197] Focks, P.(2002): a. a. O.: S.80.
[198] Focks, P.(2002): a. a. O.: S.81.

ohne dass von ihnen auf traditionelle Geschlechtsrollen zurückgegriffen werden muss.[199] Hierfür ist es wichtig, dass traditionelle Rollenmuster aufgebrochen werden[200].

5.4.4 Geschlechtergerechte Pädagogik – Möglichkeiten und Grenzen

In Deutschland ist der Kindergarten als Institution eine Einrichtung der Jugendhilfe. Kindergärten sollen lebensweltbezogene Sozialisationsleistungen erbringen und die Belange Bildung, Erziehung und Betreuung in einem, an die regionalen Bedingungen angepassten Konzept miteinander verknüpfen. Die Belange der Kinder- und Jugendhilfe sind bundesweit im 8. Sozialgesetzbuch (SGB VIII) geregelt. Zuständig für die Realisierung der dort genannten Leistungen sind die Kommunen.[201]

Im ersten Kapitel des SGB VIII sind allgemeine Vorschriften, wie z. B. in § 1 das Recht eines jeden Kindes auf Erziehung enthalten. In § 9 geht es um die Grundrichtung der Erziehung. Hier steht, dass „die unterschiedlichen Lebenslagen von Mädchen und Jungen zu berücksichtigen, Benachteiligungen abzubauen und die Gleichberechtigung von Mädchen und Jungen zu fördern" sind.[202]. Dies ist die gesetzliche Grundlage, um eine geschlechtergerechte Pädagogik, welche die positive Entwicklungsförderung von Mädchen und Jungen im Auge hat, als Querschnittsaufgabe in der Kindergartenarbeit zu verankern.

Wenn pädagogisches Handeln sich einer auf Offenheit und Vielfalt angelegten

---

[199] vgl. Focks, P.(2002): a. a. O.: S.82.
[200] Eine Möglichkeit, wie dies in der Umsetzung im Kindergarten aussehen kann, zeigt das **Praxisbeispiel: „Petra und die Wölfin"**, ein Theaterprojekt mit Mädchen und Jungen im Alter von 4-6 Jahren, das in Sachsen-Anhalt durchgeführt wurde. Siehe hierzu im Literaturverzeichnis: Landesstelle Sachsen-Anhalt: Geschlechtergerechte Kinder- und Jugendhilfe.
[201] Gewerkschaft Erziehung und Wissenschaft (GEW) (2002): Rahmenplan frühkindliche Bildung; Ein Diskussionsentwurf der GEW, Dez. 2002, S.22.
[202] vgl. §9 Absatz 3 SGB VIII.

Gesellschaft verpflichtet fühlt, ist es wichtig, dass es an den Interessen und Verhaltensweisen von Mädchen und Jungen ansetzt und diese Ernst nimmt.

Allerdings sind der geschlechtergerechten Arbeit auch Grenzen gesetzt. So zeigen Mädchen und Jungen zum Beispiel erst im Grundschulalter einen flexibleren Umgang mit Geschlechterrollen, während sie ihn zuvor im Kindergartenalter eher verstärken.

Hierdurch bietet sich jedoch für Erzieherinnen und Erzieher die Möglichkeit, diese wahrzunehmen, situationsbezogen geschlechtstypisch gezeigtes Verhalten zu hinterfragen und durch gezieltes Aufgreifen verschiedener Situationen, Handlungsmöglichkeiten und Beziehungsmuster zwischen Mädchen und Jungen zu erweitern.

Zur Beseitigung sozialer und geschlechtsbedingter Ungleichheiten, wie sie sich im Verhalten der Mädchen und Jungen beobachten lassen, können jedoch nicht allein pädagogische Maßnahmen beitragen. Mit dem Prinzip des Gender Mainstreaming ist eine politische Veränderungsstrategie in Kraft getreten, die gesamtgesellschaftliche Veränderungen im Auge hat, um evtl. Benachteiligungen von Frauen und Männern, Mädchen und Jungen zu begegnen. Hierdurch sollen die Rahmenbedingungen verändert werden, wodurch die gleichberechtigte Teilhabe von Mädchen und Jungen möglich werden soll.

Um zu einer gleichberechtigten Teilhabe zu gelangen, muss es jedoch zu Veränderungen im Gesellschaftsbild kommen. Die Frage ist, ob eine Veränderung des Gesellschaftsbildes tatsächlich TOP-DOWN, wie Gender Mainstreaming es vorsieht, geschehen kann, oder ob Gender Mainstreaming von „oben" den Rahmen, sozusagen die Voraussetzungen schafft, damit die Veränderungen von „unten" in den Köpfen der einzelnen Frauen/Männer/Mädchen/Jungen stattfinden kann?

Während durch Gender Mainstreaming die politischen Rahmenbedingungen geschaffen wurden, kann durch die Umsetzung einer geschlechtergerechten

Pädagogik erreicht werden, dass die Komponente Geschlecht in alle pädagogischen Prozesse und Überlegungen mit einbezogen wird, um evtl. geschlechtsbedingten Benachteiligungen oder Bevorzugungen entgegenzuwirken.

5.5 Geschlechtergerechte Pädagogik im Kindergarten

Mit geschlechtergerechter Pädagogik wird keine bestimmte pädagogische Richtung, sondern eine allem Handeln zugrunde liegende Grundhaltung in der pädagogischen Arbeit im Kindergarten beschrieben, welche unterschiedliche Handlungsansätze und Arbeitsformen umfasst.[203] Ebenso wie es beim politischen Prinzip des Gender Mainstreaming darum geht, die Komponente Geschlecht in alle Überlegungen mit einzubeziehen und durch Analysen evtl. bestehende Ungleichheiten aufzuzeigen, um sie dann zu beseitigen, geht es im Kindergarten darum, eine geschlechtergerechte Pädagogik zur Grundlage aller pädagogischen Prozesse und Handlungsprozesse innerhalb der Einrichtung (bzw. bei allen Einrichtungen eines Trägers) zu machen. Alle ihnen gemachten Angebote im Kindergarten sollen es den Mädchen und Jungen „im Rückblick erlauben zu formulieren, zu keinem Zeitpunkt der eigenen Kindheit [...] den Wunsch verspürt zu haben, dem anderen Geschlecht anzugehören"[204], da sie der Meinung waren, dass ihnen als Jungen bzw. als Mädchen Vorteile bzw. Nachteile dadurch entstanden seien, dass sie dem einen oder anderen Geschlecht angehörten.

Es geht darum, dass alle an der Erziehung beteiligten Personen sich darüber bewusst sind, dass sie Mädchen und Jungen oftmals unterschiedlich behandeln. Eine geschlechtergerechte Pädagogik ist sich der Geschlechter bewusst und betrachtet alle Handlungs-, Lern- und Aktivitätsbereiche der

---

[203] vgl. Focks, P. (2002): a. a. O. S.87: Focks spricht allerdings von geschlechtsbewusster Pädagogik.
[204] Dackweiler, R.-M.(o.J.): Gegenläufiges und Ungleichzeitigkeiten; Bielefeld S.1-22, S.5.

Mädchen und Jungen auch im Hinblick darauf, ob hierdurch das bestehende Geschlechterverhältnis gefestigt wird, oder ob es zu einer kritischen Auseinandersetzung mit diesem kommt, wodurch Veränderungen möglich werden. Es geht jedoch nicht darum, alle Kinder gleich zu behandeln, denn Kinder sind verschieden: Werden Ungleichheiten nicht wahrgenommen, kann es passieren, dass diese verstärkt werden.

So meint Verlinden, dass schon in der frühkindlichen Erziehung „genügend Fundamente für selbstbewusste Partnerschaft und gegenseitiges Verständnis zwischen den Geschlechtern" gelegt werden sollen.[205] Rigide Geschlechterrollenvorstellungen, die Mädchen und Jungen vorgelebt werden, die aber starr und wenig entwicklungsfähig sind, können zu Missverständnissen führen. Der Einfluss dieser Geschlechterrollenvorstellungen muss aufgedeckt werden, um soziale und emotionale Probleme in Kindergartengruppen erkennen zu können. Ein Einstieg kann für Erzieherinnen und Erzieher über gezielte Beobachtungen gelingen, wie eine Studie von Martin Verlinden[206] aus dem Jahr 1990, die sich auf den Untersuchungszeitraum zwischen 1983-1986 bezieht, zeigt.

Die Studie knüpft an die im Kindergarten vorrangig praktizierte gemeinsame, koedukative Erziehung von Mädchen und Jungen an. In der Einleitung wird auf die Vorteile der koedukativen Erziehung im Kindergarten hingewiesen, da diese Erziehungsform die Chance bietet, dass „Jungen und Mädchen ihre Gemeinsamkeiten erkennen und Respekt vor der Einzigartigkeit des Einzelnen entwickeln können. Wer dem anderen täglich begegnet, lernt ihn kennen und kann dessen Spielraum und Grenzen mit seinen eigenen Interessen und Möglichkeiten vergleichen"[207]. Vorrangiger Beobachtungsgegenstand waren die Beziehungen innerhalb der Kindergartengruppe unter den Mädchen und

---

[205] Verlinden, M. (1995): Mädchen und Jungen im Kindergarten, S.1-2.
[206] Studie: Verlinden, M. (1995): Mädchen und Jungen im Kindergarten.
[207] Verlinden, M. (1995):a. a. O.: S.4.

Jungen. Hierbei ging es darum, positive Gefühle und Beziehungen zwischen den Geschlechtern herauszuarbeiten und diese positiv zu verstärken. Auf Grundlage der Beobachtungen wurde das weitere pädagogische Vorgehen ausgerichtet.

5.5.1 Pädagogische Grundhaltung

Grundlage einer geschlechtergerechten Pädagogik ist eine offene pädagogische Grundhaltung, die die Lebenswelten der Mädchen und Jungen genau betrachtet und nach dem „Warum" fragt, wodurch scheinbar Selbstverständliches analysiert und gegebenenfalls zur Disposition gestellt werden kann.[208] Mit diesem Prozess wird das Ziel verfolgt, das eigene Selbstbild der Mädchen bzw. der Jungen offen zu halten, um ihnen so das Ausprobieren möglichst vieler verschiedener Handlungsvarianten zu ermöglichen.

Somit bezeichnet der Begriff der geschlechtergerechten Pädagogik einen Prozess, in dem ganz bewusst auch scheinbar Selbstverständliches in Frage gestellt wird, was dazu führt, dass Raum für neue/andere Handlungsmöglichkeiten entstehen kann.[209]

Evtl. bestehenden Benachteiligungen oder Bevorzugungen des einen oder anderen Geschlechts soll dadurch begegnet werden, dass Erzieherinnen und Erzieher versuchen, andere Erfahrungen und Räume zu schaffen, wodurch die teilweise bestehenden vergeschlechtlichten und vergeschlechtlichenden Zuordnungen von Räumen und Handlungsweisen zum weiblichen oder männlichen Geschlecht überschritten werden können. Der geschlechtergerechten Pädagogik geht es darum, auch die Unterschiedlichkeiten innerhalb der Gruppe der Mädchen und innerhalb der Gruppe der Jungen zu berücksichtigen. Hierbei spielen die unterschiedlichen Lebenswelten der Jungen und Mädchen, die durch ihre unterschiedliche soziale Herkunft und das un-

---

[208] vgl. Focks, P. (2002): a. a. O.: S.87.
[209] vgl. Focks, P. (2002): a. a. O.: S.88.

gleiche Geschlechterverhältnis in unserer Gesellschaft bestimmt sind, eine Rolle. Es geht um eine, den individuellen Bedürfnissen, Interessen und Fähigkeiten des einzelnen Mädchens bzw. Jungen entsprechende Förderung.

Hierfür muss die Sichtweise auf Mädchen und Jungen eine zweifache sein, die die Mädchen und Jungen als Angehörige ihrer Geschlechtsgruppe und als Individuum mit ganz eigenen und sich von allen anderen unterscheidenden Interessen und Fähigkeiten sieht. Wie Verlinden es ausdrückt: „Obwohl es Parallelen gibt, müssen die Kinder ihren persönlichen Weg zum eigenen und zum anderen Geschlecht finden"[210].

Die Analyse des Verhaltens der Mädchen und Jungen muss also Bezug nehmen auf die Zugehörigkeit des Kindes zur Geschlechtergruppe, die Rolle des Kindes als Individuum, aber auch auf das gesellschaftliche Geschlechterverhältnis. Bei allen Aktivitäten und Überlegungen steht immer die individuelle Persönlichkeit des einzelnen Mädchens und des einzelnen Jungen im Vordergrund. Für die pädagogische Arbeit entscheidend ist es, das vom Kind gezeigte (evtl. als geschlechtstypisch empfundene) Verhalten von der Person des Kindes zu trennen.

Die geschlechtergerechte Pädagogik verfolgt das Ziel, Mädchen und Jungen zu ermöglichen, in der Vielfalt der gesellschaftlichen Bilder von Weiblichkeit und Männlichkeit ihre Entwicklung zu bewältigen und auch neue/andere Möglichkeiten von Weiblichkeit bzw. Männlichkeit für sich zu entdecken. Eine geschlechtergerechte Pädagogik unterstützt Mädchen und Jungen dabei, die Welt auf ihre Art zu entdecken und so selbstbestimmt ihr eigenes Leben zu gestalten und zu bewältigen.

Eine geschlechtergerechte Pädagogik ist aber auch immer politische Arbeit, da hiermit das Ziel, die gesellschaftlichen Rahmenbedingungen so zu verändern, dass für Mädchen und Jungen die Handlungsspielräume erweitert werden, verfolgt wird. Ebenso soll den Benachteiligungen von Mädchen und

---

[210] Verlinden, M.(1995): a. a. O.: S.31.

evtl. sozialen Problemen entgegengewirkt werden, sodass diese, wenn möglich, verhindert werden.[211]

Hierfür sind mit der politischen Strategie des Gender Mainstreaming die Grundlagen geschaffen worden.

5.5.2 Handlungsansätze geschlechtergerechter Pädagogik

Geschlechtergerechte Pädagogik umfasst sowohl die pädagogische Arbeit mit Mädchen und Jungen in geschlechtergetrennten Arbeitsformen, die unter dem Begriff der geschlechtsspezifischen Pädagogik zusammengefasst werden können, als auch die koedukativ gestaltete pädagogische Arbeit mit Mädchen und Jungen, welche auch als geschlechterbewusste/geschlechtersensible Pädagogik bezeichnet werden kann.

Bei der geschlechtergerechten Pädagogik wird die Komponente Geschlecht in alle pädagogischen Handlungen und Überlegungen mit einbezogen. Im Sinne von Gender Mainstreaming wird das Geschlechterbewusstsein der Pädagogik als Querschnittsaufgabe aller Arbeitsfelder und allen pädagogischen Handelns gesehen.[212] Voraussetzung hierfür ist die Sensibilisierung der pädagogischen Arbeit für geschlechtsspezifische Belange, weshalb auch schon 1990 Cornelia Helfferich die Einbeziehung der Komponente Geschlecht in allen Arbeitsbereichen als Schlüsselqualifikation bezeichnete: Es ging ihr um eine ‚Sensibilisierung‘ der Erzieherinnen und Erzieher für die Wahrnehmung des Geschlechteraspektes in sozialen Situationen und auch darum, eine Sensibilisierung für die eigenen Wahrnehmungsweisen und Interessen, die ebenfalls geschlechtsbestimmt sein können, herbeizuführen.[213] Dies halte auch ich für besonders wichtig.

---

[211] vgl. Focks, P.(2002):a. a. O.: S.98.
[212] vgl. hiezu auch noch einmal Kapitel 2.3.2.3 Geschlecht als Strukturkategorie, S.22.
[213] vgl. Helfferich, C. (1998): Reiz und Aufregung des Jungsseins, zitiert in:
Focks, P.:(2002) a. a. O. S.100.

5.5.3 Arbeitsformen geschlechtergerechter Pädagogik

Die geschlechtergerechte Pädagogik beinhaltet sowohl geschlechtergetrennte, als auch koedukative Arbeitsformen. Beide Arbeitsweisen können für bestimmte pädagogische Prozesse Vorteile haben. Dadurch, dass Mädchen und Jungen in der geschlechtergetrennten Gruppe ‚unter sich' sind, müssen Weiblichkeitsaspekte und Männlichkeitsaspekte nicht mehr füreinander produziert werden, was es den Mädchen und Jungen ermöglichen soll, ihre ganz eigenen Wege der Produktion ihres Selbst zu finden. Die starken Unterschiede innerhalb einer Geschlechtergruppe werden so viel deutlicher, da sie nicht durch die Abgrenzung zum anderen Geschlecht vereinheitlicht werden. Deswegen kann es trotz der eigentlich im Kindergarten praktizierten koedukativen Arbeit auch hier zeitweise sinnvoll sein, geschlechtergetrennte Angebote situationsabhängig einzusetzen, da die Veränderung im alltäglichen Miteinander schwierig ist, wenn für Mädchen und Jungen außerhalb dieses Alltags die Entwicklung von Alternativen und das Erproben neuer Handlungsmöglichkeiten nicht möglich sind.[214]

5.5.4 Bedeutung für Erzieherinnen und Erzieher

Damit Erzieherinnen und Erzieher diese pädagogische Grundhaltung einnehmen können, müssen sie die Mädchen und Jungen immer sowohl als Angehörige ihres Geschlechts, aber auch als eigenständige Individuen sehen. Auch die Erzieherinnen und Erzieher selbst sind aufgrund ihrer Geschlechtlichkeit Teil dieses Prozesses innerhalb der Institution Kindergarten. Um den offenen pädagogischen Blick zu behalten, müssen sich Erzieherinnen und Erzieher auf der einen Seite in den Prozess des Miteinanders im Kindergarten begeben. Auf der anderen Seite müssen sie aber auch die Fähigkeit besitzen, immer wieder aus diesem Prozess auszusteigen, von dem sie selbst Teil sind und den sie somit auch selbst entscheidend mitbestimmen, um ihn ‚von

---

[214] vgl. Focks, P.(2002): a. a. O.: S.104.

außen' zu betrachten und ihre Handlungen und das pädagogische Miteinander zu reflektieren.

Erzieherinnen und Erzieher müssen sich, um eine geschlechtergerechte Pädagogik umsetzen zu können, unbedingt auch mit ihrer eigenen Rolle als Frau bzw. Mann und der Rolle in ihrem Beruf (als Frau bzw. als Mann) auseinandersetzen: Dies sollte Teil der pädagogischen Qualifikation sein.[215] Die eigenen Annahmen der Erzieherinnen und Erzieher über die Differenzen der Geschlechter stehen immer im Zusammenhang mit eigenen biografischen Erfahrungen, welche sich bewusst und unbewusst auf die vertretenen Meinungen und Konzepte auswirken.

Eine wichtige Rolle spielen Fragen nach den selbst als Mädchen bzw. Junge gemachten Erfahrungen, evtl. unbewussten Übertragungen aus der eigenen Sozialisation der Erzieherinnen und Erzieher auf Jungen und Mädchen oder Situationszusammenhänge im Kindergarten. Von Bedeutung sind dabei aber auch Fragen nach Eigenschaften von Mädchen bzw. von Jungen, die die Erzieherin/der Erzieher mag bzw. als störend empfindet. Welche Alltagstheorien benutzen Erzieherinnen und Erzieher, um sich selbst das jeweilige Verhalten des Jungen/des Mädchens zu erklären und gibt es bestimmte Gefühls- und Verhaltensweisen, die nicht in „das Bild" des Mädchens bzw. des Jungen passen und deshalb die Wahrnehmung irritieren? Kommt es vor, dass Erzieherinnen und Erzieher Situationen oder Verhaltensweisen „vergeschlechtlichen"? Und: Welches Verhältnis haben Erzieherinnen und Erzieher zu ihrem Beruf?[216]

---

[215] Die Behandlung des Aspekts Geschlechtergerechtigkeit ist meines Wissens kein fester Bestandteil des Erzieher/innencurriculums und somit ist die Behandlung des Themas an den Erzieher/innenschulen von einzelnen Lehrkräften abhängig, die hierauf eingehen.

[216] vgl. Focks, P. (2002): Starke Mädchen, starke Jungs; a. a. O.: S.106/107.

Theorien einer geschlechtergerechten Pädagogik im Kindergarten

5.5.5 Erweiterte 6-Schritte Prüfung im Kindergarten nach Karin Tondorf

Um Gender Mainstreaming im Kindergarten umsetzen zu können, muss zunächst eine Analyse durchgeführt werden. Sinnvoll erscheint mir hierfür die 6-Schritte Prüfung nach Karin Tondorf.

Nach Aussage von Beatrix Holzer haben die Umsetzungserfahrungen von Gender Mainstreaming-Prozessen gezeigt, dass eine Erweiterung der 6-Schritte-Prüfung notwendig ist, damit zunächst einmal mögliche Hindernisse auf dem Weg zu mehr Chancengleichheit abgebaut werden können.[217] Damit ein gleichstellungspolitischer Prozess gelingen kann, muss nämlich nicht nur die Führungsebene, sondern alle am Prozess beteiligten Entscheidungsebenen und Personen in der jeweiligen Organisation (in diesem Fall im Kindergarten) für Geschlechterfragen sensibilisiert werden. Gelingen kann dies, wenn folgende Rahmenbedingungen geschaffen wurden:[218]

- Im Leitbild/der Konzeption des Trägers wurde die Umsetzung von Gender Mainstreaming als „Führungs- und Organisationsaufgabe" festgelegt.

- Im Leitbild/in der Konzeption des Kindergartens wurde als Leitziel die Umsetzung von Gender Mainstreaming verankert.

- Es stehen ausreichend Zeit und finanzielle Ressourcen zur Verfügung, sodass Mitarbeiterinnen und Mitarbeiter Gender-Schulungen[219] besuchen können.

- Der Kindergarten betreibt eine gezielte Informationspolitik „im Rahmen von Wissensmanagement", dazu gehören: „Datenbanken, zeit-

---

[217] vgl. Holzer, B. (2003): Gender Mainstreaming und seine Relevanz für das Management der Sozialen Arbeit, S.18.
[218] vgl. hierzu: Holzer, B.: (2003): a. a. O.: S.18/19.
[219] Nach Holzer sind Gender-Schulungen in der Regel eine „Kombination aus Übungen zur Selbsterfahrung und Informationen und Fortbildungen zur Gender-Thematik. (vgl. Holzer, B.:(2003):S.19.

98

nahe Aufbereitung von Daten und Untersuchungen, regelmäßige Austauschprozesse, Dokumentationen, etc."[220]

- Im Sinne einer „Lernenden Organisation" ist Gender Mainstreaming ein wesentlicher Bestandteil im täglichen Miteinander.

Nach Holzer sind dies die Grundvoraussetzungen zur Umsetzung von Gender Mainstreaming, die noch vor Einsatz der Instrumente (z. B. der 6-Schritte-Prüfung von Karin Tondorf) schriftlich fixiert werden sollten.[221]

Nach der 6-Schritte Prüfung von Karin Tondorf erfolgt zuerst eine Erhebung des derzeitigen Ist-Zustandes im Kindergarten, also eine genaue Analyse der Bedingungen für Mädchen und Jungen, Erzieherinnen und Erzieher durch die Sammlung geschlechtersensibler Daten,[222] um daraus zu Ableitungen des Handlungsbedarfs zum gewünschten geschlechterpolitischen Ziel, „Soll-Zustand", zu gelangen. Als zu erreichendes Ziel sollte die gleichberechtigte Teilhabe von Mädchen und Jungen im Kindergarten definiert werden.[223]

Als 2. Schritt wird nach den Problemen gefragt, die dem Ziel der geschlechtsunabhängigen, gleichberechtigten Teilhabe von Mädchen und Jungen im Wege stehen. Es gilt hierfür, die Arbeitsweise (Regeln, Verfahren, Instrumente und Praktiken) im Kindergarten zu untersuchen, um evtl. bestehende Bevorzugungen bzw. Benachteiligungen sichtbar und somit veränderbar zu machen. Hieraus können Möglichkeiten entwickelt werden, die Beispiele enthalten, wie die Praxis des Kindergartens verändert werden kann und wie Maßnahmen inhaltlich gestaltet werden können. Nach der Analyse erfolgt die Umsetzung mit abschließender Kontrolle und Evaluation.

Bei der konkreten Umsetzung von Gender Mainstreaming im Kindergarten geht es zunächst darum, den Erzieherinnen Strategien an die Hand zu geben,

---

[220] Holzer,B. (2003): a. a. O.: S.19.
[221] Holzer,B. (2003): a. a. O.: S.19.
[222] vgl. Kapitel 3.4: 6-Schritte Prüfung nach Tondorf in dieser Veröffentlichung, S.27/28.
[223] vgl.: SGB VIII, §9.

die sie direkt in die gegebenen Organisations- und Arbeitsabläufe einbauen können. Aufgrund dessen ist es notwendig, dass diese Anwendungs- und Umsetzungsmöglichkeiten mit den Erzieherinnen und Erziehern gemeinsam entwickelt werden, da diese letztendlich für die Umsetzung zuständig sind.[224] Wichtige Erkenntnisse hat hierzu Verlinden in seiner Studie „Mädchen und Jungen im Kindergarten" gesammelt.

---

[224] vgl. hierzu: Holzer, B. (2003): a. a. O.: S.20.

6. Zur Umsetzung geschlechtergerechter Pädagogik im Kindergarten

Wichtig ist es, die geschlechtergerechte Pädagogik kontinuierlich in die Kindergartenarbeit in allen Bereichen und in alle Überlegungen mit einzubeziehen, da sie nur so erfolgreich sein kann.

Im Rahmen der Studie „Jungen und Mädchen im Kindergarten" arbeiteten die beteiligten Erzieherinnen[225] und Eltern auf der Grundlage ihrer gemachten Beobachtungen vier Arbeitsschwerpunkte der Erziehung im Kindergarten heraus, mit denen sie die Ziele, gegenseitiges Verständnis zwischen den Geschlechtern und die Annäherung von Mädchen und Jungen fördern wollten. Durch die Schwerpunktsetzung verdeutlichten sich die Vor- und Nachteile typischer Beziehungsmuster im Kindergarten.[226]

Es handelte sich um folgende vier Bereiche:

    a) Selbstvertrauen

    b) Gruppenverhalten

    c) Konfliktverhalten

    d) Umgang mit Gefühlen

Ausgehend von den Beobachtungen kamen die Erzieherinnen zu der Erkenntnis, dass es für Jungen und Mädchen wichtig war, genügend Selbstvertrauen in sich und die eigenen Fähigkeiten zu entwickeln, um sich über stereotype Erwartungen an Geschlechterrollen und bestehende Vorurteile hinwegsetzen und in der Lage zu sein, Geschlechtergrenzen überschreiten zu können.

Sie gingen weiterhin davon aus, dass „Mädchen und Jungen mehr und

---

[225] Verlinden spricht nur von Erzieherinnen, da 95% der Berufsgruppe weiblich sind, meint hiermit jedoch auch die Erzieher mit. (vgl. Verlinden, M. (1995): a. a. O.: S.2).

[226] vgl. Verlinden, M. (1995): Jungen und Mädchen im Kindergarten, S.28-30.

offeneren Kontakt zueinander hätten, wenn geeignete Rollenkonzepte ihre Annäherungen erleichtern würden, wenn starre Konzepte flexibler und verändert würden."[227]

Ausschlaggebend hierfür können Selbstständigkeit und soziale Kompetenz der Mädchen und Jungen sein. So kam eine andere Untersuchung im Rahmen des Projekts „Identität und Geschlecht in der Kindheit"[228] zu dem Ergebnis, dass neben situativen Aspekten auch individuelle Persönlichkeitsmerkmale einzelner Mädchen und Jungen diese eher in die Lage versetzen, Geschlechtergrenzen zu überschreiten. Nach dieser Studie sind es gerade die allseits beliebten, selbstständigen und sozial kompetenten Mädchen und Jungen, die im Kindergartenalter „die Grenzlinien zwischen den Geschlechtern" überwinden. Beliebten Kindern, die zudem über Selbstvertrauen verfügen, fällt dies leichter.[229]

Mädchen und Jungen mit mehr Vertrauen in die eigenen Kompetenzen zeigten nach Erkenntnis der Erzieherinnen auch in der Studie von Verlinden weniger Probleme darin, Kontakt zu anderen Mädchen und Jungen aufzunehmen, da sie über ein breiteres Repertoire an Möglichkeiten verfügen, welches nicht durch „Rollenzwänge" beschränkt wird. Hier heißt es: „Es geht darum, beiden Geschlechtern etwas mehr zu bieten als formale Koedukation, nämlich bewusste Unterstützung von beiden Geschlechtern, damit sie getrennt und gemeinsam ihr Selbstvertrauen, ihre Kooperationsbereitschaft, ihre Möglichkeit zur Lösung von Konflikten und ihr Verständnis für Gefühle entwickeln können."[230]

So kann die Entwicklung der Kinder vielseitig statt einseitig dadurch sein,

---

[227] Verlinden, M. (1995): a. a. O.: S.3.
[228] Rohrmann, T. (2005): Geschlechtertrennung in der Kindheit; Abschlussbericht des Projekts „Identität und Geschlecht in der Kindheit", 2.3 Die andere Seite: Das Miteinander von Mädchen und Jungen, S. 40-47, S.40.
[229] vgl. Stöckli, 1997, S.215, zit. in: Rohrmann, T.(2005):Geschlechtertrennung in der Kindheit, a. a. O.: S.41.
[230] Verlinden, M. (1995): S.84.

dass die Mädchen und Jungen gern verschiedene Fertigkeiten erlernen wollen, anstatt der Entwicklung eigener Fertigkeiten aus dem Weg zu gehen. Das Anderssein anderer wird von ihnen akzeptiert und nicht abgelehnt. Ebenso sollen die Mädchen und Jungen dazu ermutigt werden, sich selbst mit ihren eigenen Stärken und Schwächen anzunehmen, anstatt sich wegen eigener Schwächen abzulehnen oder aufgrund eigener Stärken überzubewerten.

Eine Vielzahl von den Mädchen und Jungen selbstbestimmter, als positiv erlebter Kontakte und sinnvoll empfundener Übereinkünfte, die nicht geschlechtlich polarisieren, können es Mädchen und Jungen ermöglichen, ein gleichberechtigtes Gruppenverhalten zu entwickeln. So kann es zu einem spontaneren Umgang und einem selbstbestimmten Annehmen oder Ablehnen bestimmter Verhaltensweisen kommen. Dies ist möglich, wenn die eigenen Vorstellungen der Mädchen und Jungen nicht durch Vorgaben stereotyper Vorbilder und Rollenmuster beschränkt werden. Die Jungen und Mädchen sollen gern Kontakt zu Jungen und Mädchen haben, anstatt Kinder des anderen Geschlechts abzulehnen oder ihnen aus dem Weg zu gehen. Ziel der Erzieherinnen und Erzieher ist es, nach Verbindendem Ausschau zu halten und Trennendes nicht überzubetonen.

Jungen und Mädchen sollen lernen, sich mit anderen Jungen und Mädchen zu einigen und Übereinkünfte auch mit dem jeweils anderen Geschlecht auszuhandeln, anstatt Übereinkünfte mit dem anderen Geschlecht als nicht nützlich zu betrachten und abzulehnen. Wenn dies gelingt, führt es zu einem verträglichen und nicht feindseligen Verhalten untereinander. Ebenso sollen die Mädchen und Jungen Regeln kritisch überprüfen, anstatt sich einfach Gewohnheiten zu fügen und alle Regeln anstandslos zu akzeptieren. Dafür sollten sie auch an der Vereinbarung von Regeln beteiligt werden.

Die Jungen und Mädchen sollen weiterhin lernen, dass Konflikte für alle Beteiligten sinnvoll gelöst werden können. Hierfür ist es wichtig, dass sie erleben, dass Spannungen nicht unbedingt entstehen müssen, wenn Mädchen und Jungen zusammen kommen. Mädchen und Jungen können untereinander eher mutig, umsichtig, beweglich und hilfsbereit sein, wenn sie dazu in der Lage sind, über die üblichen Geschlechterrollen hinaus ihr Verhaltensrepertoire zu erweitern. Diese Verhaltensweisen können im Kindergarten bewusst initiiert und somit von den Kindern erfahren werden. Ziel ist es, dass Mädchen und Jungen Konflikte selbst lösen lernen, indem sie sich offen und mutig mit neuen Situationen auseinandersetzen, anstatt diesen aus dem Weg zu gehen. Anstelle übertriebener Reaktionen sollen sie umsichtig nach Lösungen für Konflikte suchen. Wichtig ist es auch, dass das Misstrauen zwischen den Geschlechtern abgebaut wird. Das Verhalten soll hilfsbereit statt abweisend sein.

Des Weiteren sollen Jungen und Mädchen unabhängig von ihrer Geschlechtszugehörigkeit lernen, ihre eigenen Gefühle und die der anderen Mädchen und Jungen anzunehmen, statt diese abzuwerten. Jedes Mädchen und jeder Junge ist ein eigenständiges Individuum, dass ganz anders empfindet als alle anderen Kinder. Ziel ist es deshalb auch, dass die Mädchen und Jungen lernen, ihre Gefühle vielfältig auszudrücken. Aufgabe der Erzieherin und Erzieher ist es, Mädchen und Jungen in diesem Entwicklungsprozess zu unterstützen, indem sie dem Alter und Entwicklungsstand des Kindes entsprechende Hilfen zur Verfügung stellen und diese der jeweiligen Situation entsprechend den Jungen und Mädchen anbieten.

Aufgrund des bestehenden Geschlechterverhältnisses werden gerade die geschlechtlichen Entfaltungsmöglichkeiten der Jungen und Mädchen stark eingeschränkt, wodurch es dazu kommen kann, dass Kinder auffälliges Verhalten zeigen. Mädchen und Jungen inszenieren ihr ‚Mädchen sein' und ihr ‚Jungen sein' als Teil ihres Entwicklungsprozesses. Es ist daher unbedingt notwendig, sie zum Inszenieren und Ausprobieren ihres Geschlechts zu ermutigen. Hierdurch soll erreicht werden, dass die Entwicklung der

Geschlechtsidentität ein offener Prozess bleibt. Als erste Sozialisationsinstanz direkt nach der Familie hat der Kindergarten eine besondere Bedeutung für die (geschlechtergerechte) Erziehung. Lernprozesse von Kindern im Kindergartenalter erfolgen noch viel mehr als bei älteren Mädchen und Jungen über *alle* Sinne. Mädchen und Jungen lernen, indem sie sich in vielfältiger Weise mit ihrer Umwelt auseinandersetzen. Über ihre eigenen Empfindungen und Wahrnehmungen ‚erkennen‘ die Mädchen und Jungen ihre Umwelt. Viel mehr als für ältere Kinder sind sie darauf angewiesen, etwas nicht nur kognitiv erklärt zu bekommen, sondern es selbst auszuprobieren und so zu erfahren. [231]

Anstatt von Mädchen und Jungen gezeigtes ‚geschlechtstypisches‘ Verhalten mit dem Satz: „So sind sie eben, die Mädchen bzw. die Jungen,“ einfach stehen zu lassen und nicht darauf zu reagieren, bieten sich hier Möglichkeiten, durch eine genauere Betrachtung zu sehen, dass alle Mädchen und Jungen sowohl unterschiedlich sein können, als auch Gemeinsamkeiten haben können. Diese Unterschiede werden jedoch nicht durch das Geschlecht, sondern durch die unterschiedlichen Interessen und Fähig- und Fertigkeiten der einzelnen Mädchen und Jungen mit ihrer jeweils ganz individuellen Persönlichkeit bestimmt. Erfolgreiche geschlechtergerechte Pädagogik im Kindergarten ist nur unter bestimmten Voraussetzungen möglich.[232] Die Grundlage hierfür ist eine kritische Reflexion der Erzieherinnen und Erzieher darüber, ob die pädagogische Arbeit geschlechtsspezifische

---

[231] vgl. hierzu: Becker-Textor, I.(1992): Mit Kinderaugen sehen; S.18-20.
[232] vgl. hierzu: Focks, P.(2002): a. a. O.: S.108-171, S.112 Focks stellt hier praktische Anregungen zur Umsetzung geschlechtergerechter Pädagogik im Kindergarten in einem „Bausteine Modell" vor, die in Kombination mit verschiedenen Fachartikeln, Fachbüchern und den „Didaktischen Bausteinen der geschlechtsspezifischen Erziehung im Kindergarten": Das Teamgespräch (1), Elternarbeit (2), Beobachtung der Kinder (3), Partizipation von Mädchen und Jungen (5), Jungen entdecken die Welt-Mädchen nehmen teil? (5) von Dagmar Kasüschke, (2001 im Kindergarten heute als Fortsetzungsreihe erschienen) Ausgangspunkt meiner folgenden Überlegungen zur praktischen Umsetzung waren. Beide Modelle bzw. Überlegungen gleichen sich sehr stark.

Elemente enthält bzw. ob und wie dieses Element (im Sinne von Gender Mainstreaming) grundlegende Basis und Bestandteil der täglich stattfindenden pädagogischen Arbeit werden kann.

Um zu Veränderungen zu gelangen, muss sowohl bei der Ausbildung von Erzieherinnen und Erziehern, als auch bei der Fort- und Weiterbildung von im Kindergarten tätigen Erzieherinnen und Erziehern angesetzt werden.

6.1 Gender und Profession: Qualifikation der Erzieherinnen und Erzieher

Im alltagssprachlichen Gebrauch werden die Begriffe „Profession" , „Professionalisierung", „professionell" bzw. „unprofessionell" gerade in der Sozialpädagogik „undifferenziert und zumeist ohne Kenntnis des historischen bzw. soziologischen Hintergrundes der Kategorie benutzt".[233]

Nach Parsons sind Professionen einer „höherstufigen Solidarität verpflichtet", weshalb sie sich zumeist „auf Bereiche von allgemeinem öffentlichen Interesse, auf individuelles und gemeinschaftliches Wohlergehen (z. B. Medizin, Recht, Religion), also vor allem auf Berufe von Arzt [Ärztin], Richter [Richterin] oder Anwalt [Anwältin], auf Pfarrer [Pfarrerin] und Professoren [Professorinnen] "[234] beziehen.

„Profession" als Begriff wird nach Rabe-Kleberg in der soziologischen Diskussion dazu benutzt, Arbeitstypen oder Menschengruppen zu klassifizieren. Zumeist handelt es sich hierbei um eine Arbeit, der ein langer, formalisierter, zumeist akademischer Bildungsprozess vorausgeht und die (deswegen) zumindest, wenn die historische Entwicklung betrachtet wird, eine Männerdomäne ist.[235]

---

[233] Rabe-Kleberg, U. (2003): a. a. O.: Berlin, S.54.
[234] Rendtorff, B. (2006): Erziehung und Geschlecht; Eine Einführung, Kohlhammer, Stuttgart S. 146.
[235] vgl.: Rabe-Kleberg, U. (2003): a. a. O.: S.54.

Nach Rabe-Kleberg galt die Bindung des Begriffs „Profession" an das männliche Geschlecht lange Zeit als normal. Die Ursache für „die Teilung des Professionsbegriffes nach dem Geschlecht" sieht sie historisch begründet. Der „Kern professioneller Arbeit" ist jedoch gut zu identifizieren. Zuständigkeit und Kompetenz werden hierbei jeweils unterschiedlich gedeutet, „je nachdem, ob Männer oder Frauen diese Arbeit tun." Die „Ausgestaltung des Verhältnisses von Profession und Gender"[236] ist hierbei auch eine Frage der Machtverteilung, womit es zum Gegenstand von Gender Mainstreaming wird. Historisch betrachtet ist es nach Rabe-Kleberg zu einer Teilung des Professionsbegriffs nach dem Geschlecht gekommen. Im 19. Jahrhundert war die Ausgangslage der Profession das Ideal des „Bildungsbürgers" und des neuen Berufsverständnisses, welches mit diesem verbunden war. Auch Barbara Rendtorff weist noch einmal gesondert darauf hin, dass Frauen zu diesen Professionen „bis in die jüngste Zeit" keine Zugangsberechtigung hatten, was verhinderte, dass sie „Erfahrungen der beruflichen Identität" machen konnten. Akademisches Wissen vermittelt jedoch Sicherheit, welche als Grundlage für professionelles Handeln nötig ist. [237]

Gegen Ende des 19. Jahrhunderts bemühte sich die Frauenbewegung, Frauen Zugänge zu einer „akzeptierten Berufstätigkeit" zu eröffnen, was bei den Männern nicht auf große Gegenliebe stieß. Dieses Problem lösten die Frauen dadurch, dass sie vor allem den Bereich für sich beanspruchten, für den die Männer sie als „wesensgeeignet" bezeichneten: den Bereich der Erziehung.

Um zu einer Verberuflichung zu gelangen, musste der Tätigkeitsbereich der Erziehung aus dem häuslich-privaten Bereich herausgelöst werden, damit er nicht auf die Erziehung der eigenen Kinder beschränkt blieb. Rabe-Kleberg weist darauf hin, dass im Rahmen der öffentlichen Diskussion um den Professionsbegriff zumeist nicht mit einbezogen wird, dass Frauen aufgrund

---

[236] Rabe-Kleberg, U. (2003): a. a. O.: S.56.
[237] vgl. Rendtorff, B. (2006): a. a. O.: S. 146.

ihrer familiären Rolle, die sie im Privaten einschloss, diese Entwicklung überhaupt erst ermöglichten.

Im Bezug auf den Begriff der Professionalisierung gibt es zurzeit zwei Diskurse: Einen erziehungswissenschaftlichen Diskurs, der sich mit der Professionalisierung des pädagogischen Feldes beschäftigt und einen soziologischen, der sich mit der besonderen Problematik der sogenannten Frauenberufe beschäftigt.

Im Rahmen der Kindergarten- und Frauenbewegung in der ersten Hälfte des 19. Jahrhunderts wurde von den hier tätigen Frauen versucht, einen Beruf nach dem Vorbild einer Profession für diesen Bereich zu etablieren. Hierbei sicherte der lange Ausschluss der Frauen durch die erst 1908 erfolgte erstmalige Zulassung von Frauen an Universitäten das männliche Bildungsmonopol.

„Der Berufskreis für das ganze weibliche Geschlecht ist der häusliche Kreis. Vor allem anderen gehört zum Beruf der Frau, was sie als Gattin und als Mutter leisten, was sie für den Mann und für die Kinder seyn [sein] soll. Dies aber nicht allein, sondern auch das ganze Hauswesen überhaupt gehört zu dem Berufskreis des Weibes. Von dem untersten Grade an, auf dem die Frau alle häuslichen Geschäfte mit eigner Hand verrichten muss, bis zu dem höchsten, auf dem sie keine Hand mehr selbst anlegt, von dem einfachsten Haushalt der ärmlichsten Hütte bis zum reichsten und glänzendsten in unseren Palästen, gebührt der Frau die innere Verwaltung des Hauswesens, Anordnung, Leitung und Regierung des Ganzen, sofern es eine Familie bilden soll"[238].

Sog. Frauenberufe wie der Beruf der Erzieherinnen und Erzieher werden oftmals als Semiprofessionen bezeichnet, da die „professionellen Attribute" in ihnen „nicht oder nicht vollständig" ausgeprägt sind. Darum ist es auch so,

---

[238] Niethammer 1808, zit. N. Mayer (1996,19) Zitat übernommen aus: Rabe-Kleberg, U. (2003): a. a. O.: S.61.

dass professionelles Handeln in der Regel auf einem „disziplinär differenzierten, relativ großen Korpus von Wissen"[239] gründet.

Hierbei tut sich, nach Rabe-Kleberg, für Ausbildung und Beruf der Erzieherin bzw. des Erziehers die größte Lücke darin auf, dass Erzieherinnen und Erzieher nicht auf akademischem Niveau ausgebildet werden. Nach Rabe-Kleberg fehlt ihnen so die Fähigkeit „zur Erforschung und Reflexion der Bildungs- und Entwicklungsprozesse der ihnen anvertrauten Kinder und ihres eigenen beruflichen Tuns"[240].

Die professionelle Pädagogik der frühen Kindheit hat viele interessante Erkenntnisse zusammengestellt und näher erforscht, die den Blick auf das Kind verändern und erweitern. Diese Pädagogik muss mit den entwicklungspsychologischen und physiologischen Abläufen in der Kindheit vertraut sein und z. B. wissen, dass es bestimmte Zeitfenster gibt, in denen bestimmte Bildungsinhalte leichter gelernt werden können. Auch die neueren Erkenntnisse der Neurobiologie und Entwicklungspsychologie müssen in die Arbeit mit einbezogen werden. Die Erkenntnisse der Wissenschaft müssen in die pädagogischen Bildungskonzeptionen übertragen werden.

Es handelt sich bei der Arbeit im Kindergarten um die Arbeit in einer Bildungsinstitution, weshalb es auch unbedingt notwendig ist, den vorhandenen Anspruch, der hier an das beschäftigte Personal gestellt werden sollte, genau festzulegen. Die Beschäftigung von Kinderpflegerinnen mit einem sehr niedrigen Bildungsniveau ist sehr fragwürdig[241] und auch die derzeitigen Ausbildungsinhalte in der Erzieherinnenausbildung müssen, zum praktischen Arbeitsbezug, die neuen wissenschaftlichen Grundlagen und Erkenntnisse vermitteln. „Grundsätzlich richten sich alle notwendigen Gender Mainstreaming Strategien darauf, die Tätigkeit von den bornierten

---

[239] Rabe-Kleberg, U. (2003): a. a. O.: S.61.
[240] Rabe-Kleberg, U. (2003): a. a. O.: S.61.
[241] vgl. Giebeler, C. (2004): Das beste Personal für unsere Kinder – für eine Stärkung der fachlichen Attraktivität und des fachlichen Standards der Erzieherausbildung, S.6.

Strukturen traditioneller Frauenberufe zu befreien"[242]. Nach Rabe-Kleberg ist dies möglich, wenn Erzieherinnen und Erzieher an Hochschulen ausgebildet werden und für sie Entwicklungsmöglichkeiten in der Berufspraxis bestehen. Diese müssen der Komplexität der Ausbildung gerecht werden. So könnte es auch gelingen, dass mehr männliche Erzieher im Kindergarten arbeiten, was den Gender Mainstreaming Prozess im Kindergarten vorantreiben könnte.[243] Ebenso sieht auch die Gewerkschaft Erziehung und Wissenschaft (GEW) die Qualifikation des Personals als Schlüsselfrage in der Weiterentwicklung der Kindergärten zu Bildungseinrichtungen an und weist darauf hin, dass Erzieherinnen und Erzieher in allen europäischen Ländern außer Deutschland und Österreich an Fachhochschulen ausgebildet werden.[244]

Aber was ist mit den Erzieherinnen und Erziehern, die jetzt schon im Kindergarten arbeiten?

6.2 Selbstreflexion und Teamgespräche

Um der Übernahme unreflektierter Vorstellungen über das richtige Verhalten des Mädchens bzw. des Jungens vorzubeugen, ist es für die Umsetzung einer geschlechtergerechten Pädagogik wichtig, sich der traditionellen Annahmen und Alltagsvorstellungen, die die Handlungen mitbestimmen, bewusst zu werden und sich mit der eigenen Person als Frau bzw. als Mann und der eigenen beruflichen Identität auseinanderzusetzen.

Hierbei besteht im Beruf der Erzieherin nach Nagel ein Widerspruch zwischen der Rolle der traditionellen Mütterlichkeit und dem Anspruch des professionellen Handelns. Bestimmte Kompetenzen, wie z. B. die Fähigkeit der Fürsorge werden Frauen aufgrund ihres Geschlechts als natürliche Fähigkeiten zugeschrieben, wodurch die hierarchische Geschlechterstruktur und

[242] Rabe-Kleberg, U. (2003): a. a. O.: S. 97.
[243] vgl. Rabe-Kleberg, U. (2003): a. a. O.: S.97.
[244] vgl. GEW (2002): Rahmenplan frühkindliche Bildung; Ein Diskussionsentwurf, S.20.

eine Minderbewertung frauentypischer Berufe (z. B. der der Erzieherin) erhalten wird. Nach Nagel wird institutionelle Kindererziehung gerade kleinerer
Kinder deshalb schlechter bezahlt, da diese Arbeit mit der im privaten Umfeld
(sprich zu Hause) unentgeltlich erbrachten Erziehungsleistung gleichgesetzt
wird.[245]

Bei der Diskussion darum, was professionelles pädagogisches Handeln im
Kindergarten ausmacht, ist es für Erzieherinnen und Erzieher wichtig, über
Fähigkeiten wie Empathie, Authentizität und Fallverstehen zu verfügen.[246]
Hierbei besteht ein wichtiger Unterschied zwischen der mütterlichen und der
empathischen Einfühlung in das Kind, dadurch, dass die professionelle Erzieherin das Erziehungsgeschehen reflektiert, wobei bei Unsicherheiten im
professionellen Handeln immer die Gefahr des Rückgriffs der Erzieherin auf
„mütterliche Schemata" besteht.[247]

Rabe-Kleberg[248] bezieht die drei wesentlichen Bestimmungsmomente für
professionelles Handeln auf Ausbildung und Beruf der Erzieherin und des Erziehers. Sie nennt:

- das Eingreifen in die Existenz des Menschen, in der Regel mit dessen
  Zustimmung innerhalb einer Institution als Teil des professionellen
  Handelns

- die Vermischung von persönlicher Beziehungsarbeit und dem
  normalerweise professionellen Handeln zugrunde liegenden „disziplinär differenzierten, relativ großen Korpus von Wissen, das auf die spezifischen Fälle und Probleme angewendet werden muss",[249]

- die grundlegende Bereitschaft und Fähigkeit, die permanent vor-

[245] Nagel, G. (2003): Die Selbstentwertung des Weiblichen, S.80-95, S. 80, vgl. hierzu auch
2.3.2.1 Geschlecht als soziales Verhältnis in dieser Veröffentlichung.
[246] vgl. Nagel, G. (2003): a. a. O.: S.81.
[247] vgl. Nagel, G. (2003): a. a. O.: S.81.
[248] vgl. Rabe-Kleberg, U. (2003): Gender Mainstreaming und Kindergarten, S. 59-64.
[249] Rabe-Kleberg, U. (2003): a. a. O.: S.61.

handene Unsicherheit des Handelns zu ertragen und dieser nicht durch Versuche „der Technisierung und Standardisierung, Bürokratisierung und fremden Kontrolle" zu entgehen.

Das setzt eine umfassende Reflexionsfähigkeit voraus, da das pädagogische Handeln von Situation zu Situation neu reflektiert, begründet und kontrolliert werden muss. Hierfür trägt die Erzieherin bzw. der Erzieher die Verantwortung.[250]

Rabe-Kleberg fragt hier nach einem gemeinsamen Muster und zieht den Schluss, dass es, aufgrund des im Kindergarten bestehenden Spannungsverhältnisses zwischen Gender und Profession, bisher noch nicht gelungen ist, „diese anspruchsvolle Professionalität im System des Kindergartens zu etablieren"[251].

Dass Erzieherinnen sehr wohl über ein professionelles berufliches Selbstverständnis verfügen und sich auch klar in ihrer beruflichen Tätigkeit von der Arbeit einer Hausfrau und Mutter abgrenzen, haben Dippelhofer-Stiem, Kahle und Nakath, wie Faulstich-Wieland zitiert, in einer Studie, die sich mit der beruflichen Sozialisation von Erzieherinnen in der Übergangsphase von der Fachschule in das jeweilige pädagogische Tätigkeitsfeld beschäftigte, herausgefunden. Hiernach sind sich Erzieherinnen auch mehrheitlich darüber einig, dass Frauen und Männer die gleiche Begabung bzw. Eignung für den Beruf der Erzieherin bzw. des Erziehers mitbringen.[252]

Trotz allem ist festzustellen, dass bei Erzieherinnen und Erziehern Fachkenntnisse zur Realisierung von Gender Mainstreaming nötig wären, (vgl. Kapitel 5.2.2 Genderkompetenz im erweiterten Sinne) diese jedoch bis jetzt noch fast vollständig fehlen und Erzieherinnen und Erzieher hierin bislang

---

[250] vgl. Rabe-Kleberg, U. (2003): a. a. O.: S.62.
[251] Rabe-Kleberg, U. (2003): a. a. O.: S.63.
[252] Faulstich-Wieland, H.(2001): Gender Mainstreaming im Bereich der Kindertagesstätten, S.121-132, S.123 (hier wird eine Studie von u.a. Dippelhofer-Stiem, 1999, S.19 angeführt).

selbst keine Notwendigkeit sehen.[253]

Durch Selbstreflexion könnte es zu einem größeren beruflichen Selbstverständnis der Erzieherinnen und Erzieher im Kindergarten, als Erzieherinnen und Erzieher kommen, sodass sie ihre Kompetenzen in der Arbeit mit den Mädchen und Jungen eher wahrnehmen und ihre eigene pädagogische Arbeit wertschätzen lernen.

6.2.1 Reflexion der Berufsrolle der Erzieherin/des Erziehers: Selbstreflexion

Unter den personenorientierten Dienstleistungsberufen sind die Erziehungsberufe nach wie vor eine Frauendomäne, „mit all den damit zusammenhängenden Ambivalenzen in der Sicherung gesellschaftlicher Akzeptanz und in der Entwicklung eines professionellen Selbstbewusstseins"[254]. Dies belegen auch die letzten vorliegenden Zahlen des Statistischen Bundesamtes in Wiesbaden (Stichtag: 31.12.2002[255]). Hiernach kommen auf einen im Kindergarten beschäftigten Mann fünfundzwanzig im Kindergarten beschäftigte Frauen, weshalb in vielen Kindergärten gar keine Männer zu finden sind.

Von den im Kindergarten beschäftigten Männern sind die meisten, 16,02%, jedoch nicht im pädagogischen Bereich, sondern im wirtschaftlich-technischen Bereich tätig, womit der Männeranteil in der direkten Betreuung der Kinder nur 2,67% beträgt.[256] Faulstich-Wieland nennt für die alten Bundesländer einen Frauenanteil von 96,2% bei 230.000 in westdeutschen Kindergärten beschäftigten Erzieherinnen und Erziehern und einen Anteil

---

[253] vgl.: Faulstich-Wieland, H.(2001): Gender Mainstreaming im Bereich der Kindertagesstätten, S.123.

[254] Oberhuemer, P.: (1998): Qualifizierung des Fachpersonals: Schlüsselthema in der Qualitätsdiskussion; S.127-136; S.127.

[255] Zahlen freundlicher Weise vom Statistischen Bundesamt in Wiesbaden zur Verfügung gestellt, letzte Erhebung zur Zahl der Beschäftigten in Kindertageseinrichtungen: 31.12.2002, vgl. auch Zusammenfassung bei Rohrmann, T. (2006): Männer in Kindertageseinrichtungen und Grundschule, S.1-18.

[256] vgl. Rohrmann, T. (2006): Männer in Kindertageseinrichtungen und Grundschule, S.1-18, S.2.

von 96,4% bei 83.000 im Kindergarten beschäftigten Erzieherinnen und Erziehern in ostdeutschen Kindergärten. Mit einem Anteil von 55,8% arbeiten in Kindergärten Erzieherinnen, welche in Deutschland im Gegensatz zu fast allen anderen EU-Staaten (außer Österreich) nicht an Hochschulen bzw. Fachhochschulen, sondern an Fachschulen ausgebildet werden[257]. Hierin zeigt sich der schon von vornherein angenommene „geringere gesellschaftliche Stellenwert" der pädagogischen Arbeit mit Mädchen und Jungen im Kindergartenalter.[258] Problematisch ist auch, dass Frauen vielfach nicht einmal selbst den Beruf der Erzieherin als gleichwertigen Beruf unter anderen Berufen ansehen.

Bei Erzieherinnen und Erziehern bzw. auch Sozialpädagoginnen und Sozialpädagogen entsteht beruflich oftmals eine enge Verbindung zwischen der geleisteten und zu leistenden ‚Beziehungsarbeit', für die sowohl Bezug genommen werden muss auf eigene Erfahrungen, als auch auf Methoden der Sozialen Arbeit. Gerade Erzieher*innen* interpretieren oftmals ihr pädagogisches Handeln nicht als durch Ausbildung und Erfahrung erlangtes kompetentes berufliches Handeln, sondern als ein „„Zurechtfummeln' als ‚patch-work', was sich unterhalb der pädagogischen Handlungsansätze abspielt"[259]. Die so entstehende Trennung „von privat-öffentlich, von Betreuung, Erziehung und Bildung im Gegensatz zu politischen Themen"[260] wird von den Erzieher*innen* selbst hergestellt. Ebenso sehen die Erzieherinnen das Ermutigen und Unterstützen der Mädchen in ihrer professionellen Tätigkeit im Kindergarten nicht als eine professionell erbrachte Leistung, sondern als ihr privates Anliegen als Frauen gegenüber den Mädchen an.[261]

Gleichzeitig tragen Erzieherinnen hierdurch dazu bei, dass vielfach in der

---

[257] Faulstich-Wieland, H.(2001): Gender Mainstreaming im Bereich der Kindertagesstätten, S.121-132.
[258] vgl. hierzu: Permien, H; Frank, K. (1995): Schöne Mädchen – Starke Jungen, S.18.
[259] Focks, P.(2002): a. a. O.: S.114.
[260] Focks, P.(2002): a. a. O.: S.114.
[261] vgl. Focks, P.(2002): a. a. O.: S.114.

Öffentlichkeit die Meinung vorherrscht, dass die Arbeit mit kleinen Kindern weniger anspruchsvoll sei. Das negative Bild der Erzieherinnen und Erzieher im Kindergarten in der Öffentlichkeit wird durch den Nachweis von Versäumnissen in der Vermittlung differenzierterer Fachkenntnisse an den Fachschulen noch verstärkt. Die für Erzieherinnen und Erzieher wichtige Beziehungsfähigkeit und das hiermit verbundene Wissen, welches sie in ihrer Ausbildung erlangt haben und in ihrem beruflichen Tun immer wieder erweitern und trainieren, wird nicht als wichtiges „berufliches Merkmal" und wichtige zu erlangende Qualifikation eingeordnet, sondern als von Natur aus vorhandene (weibliche) Fähigkeit gesehen und als weniger wichtig (weil typisch weiblich) „abgewertet".

Durch die gesellschaftliche Abwertung des sozialen Handelns und des Einübens dieser Fähigkeiten mit den Mädchen und Jungen sehen Erzieherinnen und Erzieher selbst diese von ihnen in der Ausbildung und im beruflichen Alltag erarbeitete Beziehungskompetenz nicht als gleichwertige Qualifikation z. B. im Vergleich zu Qualifikationen im technischen Bereich oder auch im schulpädagogischen Bereich an, was ihr Handeln den Jungen und Mädchen gegenüber oftmals halbherzig und wenig überzeugend erscheinen lässt. Diese Beziehungskompetenz ist jedoch neben dem pädagogischen Fachwissen für ihren Beruf unerlässlich und auch ein wichtiger Bestandteil der täglichen Arbeit mit den Mädchen und Jungen. Gerade auch für die geschlechtergerechte Erziehung ist dies unerlässlich.

„Die Fähigkeit, sich infrage zu stellen, sich verunsichern zu lassen, mit dieser Verunsicherung produktiv umzugehen - z. B. im Sinne einer Verbesserung, Verfeinerung der eigenen Wahrnehmung und Urteile - scheint mir eine wesentlich professionellere Kompetenz in Geschlechterfragen zu sein"[262], meint auch Bartjes in seinem Artikel über in Erziehungs- und Pflegeberufen tätige Männer. Die Verunsicherung wahrzunehmen ist der erste Schritt, aus

---

[262] Bartjes, H.(2003): Männer in Frauenberufen, S.128-140; S.139/140.

dem weiterführend Überlegungen entstehen können, welche in produktives Handeln umzusetzen sind. Diese Reflexion und ständige Kontrolle der eigenen Beziehungen und Handlungsweisen z. B. anhand von gesetzten Zielen zeichnet aber die Professionalität der Erziehung aus und ist keine natürlich weibliche Fähigkeit, sondern eine in der Ausbildung geübte und in der beruflichen Arbeit weiterentwickelte Kompetenz, die wichtig für die berufliche Identitätsbildung der Erzieherinnen und Erzieher ist.[263]

Frauen und Männer müssen sich damit auseinandersetzen, warum sie gerade den Beruf der Erzieherin, des Erziehers ergriffen haben und inwieweit diese Entscheidung auch etwas mit ihrem Geschlecht zu tun hat. Die Sozialpädagogin Silke Freimark-Kockert ist der Meinung, dass eine „latente Unsicherheit" für die im Kindergarten beschäftigten Erzieherinnen symptomatisch ist. Diese latente Unsicherheit begründet sie damit, dass der Beruf nicht gesellschaftlich anerkannt ist und die berufliche Identität der Erzieherin *zwischen* weiblich definierten Rollenmustern und Professionalität liegt.[264]

In einer Gesellschaft, in der die Definition der Individuen immer mehr über die von ihnen geleistete Erwerbsarbeit erfolgt, kann die Anerkennung eines Berufes stabilisierend wirken, auch und vor allem auf die personale Identität derjenigen Frauen und Männer, die in diesem Beruf arbeiten. Eine klare Abgrenzung der ‚professionellen Erziehung' von der ‚natürlichen Erziehung' ist hierfür unbedingt nötig. Die ‚natürliche Erziehung' umfasst die Alltagserziehung im familiären und privaten Umfeld des Kindes. Die ‚professionelle Erziehung' hingegen hat den Anspruch, ihre Handlungsvollzüge funktional und intentional zu gestalten, wofür ein in der pädagogischen Ausbildung erworbenes fachspezifisches Wissen erforderlich ist.

Eine wichtige Rolle spielen jedoch auch personale Kompetenzen, welche mit

---

[263] vgl. Freimark-Kockert, S. (2000): Erziehen-Eine weibliche Profession, S.320-335, S.322.
[264] vgl. Freimark-Kockert, S. (2000): a. a. O.: S.321.

den beruflichen Kompetenzen im Arbeitsfeld Kindergarten stark verwoben sind. Gerade deshalb müssen Erzieherinnen und Erzieher eine sehr hohe Reflexionsfähigkeit erlangen.[265]

Die bewusste Wahrnehmung der eigenen Kompetenz in der Arbeit der Erzieherinnen und Erzieher ist für die Wertschätzung der eigenen Arbeit unerlässlich. Hierfür ist es notwendig, dass Erzieherinnen ihre Arbeit selbst als Arbeit wahrnehmen, anerkennen und wertschätzen.

Folgende Fragen können bei der Reflexion der Erzieherinnen und Erzieher hilfreich sein und lassen auch den Erzieherinnen, Erziehern, Eltern, Trägern und andere am Erziehungsprozess beteiligten Personen die eigene berufliche Kompetenz und das berufliche Können eher transparent werden:

1. Wo liegen die persönlichen Kompetenzen? Was wird gut gemacht? Wo liegen persönliche Fähigkeiten und Stärken? Welche Aufgaben werden besonders gern erledigt? Z. B. Ich bin ..., Ich verfüge über viel Erfahrung in ..., ...Ich verfüge über viel Lebenserfahrung, Ich habe folgende Schwerpunkte...

2. Woraus setzt sich das „Produkt" zusammen? Was sind die „Rohstoffe" der Arbeit? Welches Selbstverständnis der Erzieherin/des Erziehers liegt der Arbeit zugrunde? Mit welchem Konzept wird gearbeitet? Welche Methoden werden angewendet? Mit welchen Mädchen und Jungen wird gearbeitet? In welchem lebensweltlichen Zusammenhang stehen diese Mädchen und Jungen? Welche „Spielregeln" sind Grundlage der pädagogischen Arbeit?

3. Wie sieht das direkte Angebot aus? Was ist das „Produkt" der Arbeit? Welchen Nutzen haben die Mädchen, Jungen, Eltern, Träger, Arbeitgeber von der Arbeit? Welche Bedarfe stehen welchen Versorgungsangeboten gegenüber? Entsprechen z. B. die Öffnungszeiten, die einen wesentlichen Beitrag für mehr Geschlechtergerechtigkeit auf dem

---

[265] vgl. Freimark-Kockert, S. (2000): a. a. O.: S. 322.

Arbeitsmarkt leisten können, dem tatsächlichen Bedarf?

4. Wo liegen persönliche „Fallen" bzw. „Verführungen"? Wann und wie können Stärken auch zu Schwächen werden? Wo liegen die Risiken und Gefahren in der Arbeit?

5. Wo stoßen Erzieherinnen und Erzieher an Grenzen des für sie Leistbaren? Was ist ihnen noch wichtig zu lernen, welches Wissen wollen sie vertiefen? Welche Wünsche und Ziele verfolgen sie selbst? Was würden sie gerne verändern?[266]

Zusätzlich zu diesen grundlegenden Fragen müssen auch für die Umsetzung der geschlechtergerechten Erziehung, Visionen und Zielen im Bezug auf das Geschlechterverhältnis entwickelt werden: [267]

- Welche Ziele haben die Erzieherinnen und Erzieher für ihr Leben? Was wollen sie erreichen/evtl. verändern?

- Welche beruflichen Ziele möchten sie erreichen, welche Dinge evtl. verändern?

  Welche Ziele haben sie für die Mädchen und Jungen in der Kindergartengruppe?

- Welche gesellschaftspolitischen Veränderungen wünschen sich die Erzieherinnen und Erzieher?

- Welche Möglichkeiten bestehen für sie, zu einer Veränderung des kulturellen männlichen Bildes insofern beizutragen, dass in diesem Bild auch die „gesellschaftlich erforderliche Erziehungs- und Betreuungsarbeit" eingeschlossen ist?

- Wie kann erreicht werden, dass Bilder von Weiblichkeit weiter gefasst

---

[266] vgl. hierzu: Bührmann, A.: Reflexionsanleitung für die Fort- und Weiterbildung von Pädagoginnen und Pädagogen, zitiert in: Focks, P. (2002): a. a. O. S.118-120.

[267] vgl. hierzu auch 3.4 dieser Arbeit 6-Schritte-Prüfung nach Tondorf. Punkt 1: Definition der gleichstellungspolitischen Ziele.

werden, damit auch andere Aufgabengebiete (z. B. im technischen Bereich) positiv von Frauen als ihre Aufgaben erlebt werden und sie dann aber die ihnen „natürlich" übertragene Fürsorgeaufgabe, ohne „Gewissensbisse" und „Verlustängste" abgeben können?

Erzieher/innen sind immer auch Männer/Frauen in der pädagogischen Praxis

Geschlechtergerechte Pädagogik im Kindergarten ist nur realisierbar, wenn bei Erzieherinnen und Erziehern die Bereitschaft vorhanden ist, sich mit der eigenen Geschichte und Lebenssituation als Frau bzw. Mann zu beschäftigen, Neues auszuprobieren und die eigene Person als Frau bzw. als Mann mit in die Überlegungen einzubeziehen, da die eigene Person gerade in der geschlechtergerechten Pädagogik eine wichtige Rolle spielt. Die Erzieherin bzw. der Erzieher muss sich hierfür kongruent verhalten, das heißt, dass sie bzw. er mit den Inhalten der von ihr initiierten geschlechtergerechten Pädagogik übereinstimmen muss. Aufgrund der Tatsache, dass Erzieherinnen und Erzieher den Kindern als „Modell" dienen, ist für ihre Berufsrolle die bewusste Auseinandersetzung mit ihrem eigenen Verhalten und Erleben als Frau bzw. Mann wichtig. Mädchen und Erzieherinnen bzw. Jungen und Erzieher haben aufgrund geschlechtsbezogen ähnlicher Erfahrungen etwas Gemeinsames.[268] Es besteht jedoch die Gefahr, dass Erzieherinnen bzw. Erzieher ihre eigenen Erfahrungen und Erlebnisse auf die Mädchen bzw. Jungen übertragen.

Eine zielgerichtete Reflexion der jeweils persönlichen Geschichte als Frau bzw. als Mann kann Ansatzmöglichkeiten einer geschlechtergerechten Pädagogik verdeutlichen. Durch möglichst vielfältige Identifikationsmöglichkeiten, bzw. Anregungen erwachsener Frauen und Männer und anderer Kinder männlichen und weiblichen Geschlechts, können sie lernen und er-

---

[268] vgl. Focks, P. (2002): a. a. O.: S.120.

fahren, dass es auch andere Möglichkeiten neben den tradierten Rollenmustern gibt.

Besonders gute Möglichkeiten entstehen immer dann, wenn von Erzieherinnen und Erziehern im Kindergarten Möglichkeiten geschaffen und genutzt werden, die Mädchen und Jungen deutlich zeigen, dass von ihnen bisher als typisch weiblich (z. B. Kinderpflege, Kochen) oder typisch männlich (z. B. Fußballspielen, Mechanik) wahrgenommene Tätigkeiten vom jeweils anderen Geschlecht genauso selbstverständlich und kompetent erledigt werden können.[269] Der oft geforderte höhere Männeranteil in Kindergärten kann jedoch nur dann eine Ausgleichsfunktion haben (zu einer geschlechtergerechten pädagogischen Arbeit führen), wenn es bei den Erziehern zu einer bewussten Auseinandersetzung mit der eigenen Männlichkeit gekommen ist, sie die hierarchische Struktur im Verhältnis zwischen

---

[269] Ein Beispiel dafür aus meiner eigenen Familie ist meine Schwägerin, gelernte Hubschraubermechanikerin und ehrenamtliche Feuerwehrfrau.
So aber zeigen auch Erfahrungen von Erzieherinnen und Erziehern, dass nach dem Besuch einer Feuerwache oder eines Fliegerhorstes fast alle Kinder geschlechtsunabhängig Pilotin/Pilot bzw. Feuerwehrfrau/bzw. Feuerwehrmann werden wollen, da diese Berufe den Reiz des Abenteuers in sich bergen. Ebenso haben die Erzieherinnen im Kindergarten meiner Tochter mit den Schulanfänger/innen hundertprozentig kompetent für ein Schulanfänger/innen Fußballturnier trainiert und so viel Freude am Fußball geweckt, dass meine Tochter sogar die Abseitsregel verstanden hatte und auch nachmittags fleißig mit den anderen Jungen und Mädchen weiter „trainiert" hat. Das Fußballturnier war für die Kinder ein ganz großes gemeinsames Erlebnis. Die vorher oft erfolgten Bemerkungen: Mädchen dürfen bei uns nicht mitspielen, blieben danach aus, weil die Jungen und Mädchen gemeinsam zum Erfolg gekommen sind und festgestellt haben, dass es sowohl Mädchen, als auch Jungen gibt, die gut Fußball spielen können. (vgl. hierzu auch: Walter, M. (2005): Jungen sind anders, Mädchen auch, Kapitel 4: Hat der Ball ein Geschlecht? Sportliche Inszenierung S.109-128, vor allem den Nachtrag auf S. 115: über die Bambi - Verleihung am 27.11.2003 an die deutsche Frauenfußballnationalmannschaft von Paul Breitner und Uwe Seeler: „Paul Breitner nimmt kein Blatt vor den Mund. Ausführlich schildert er in der Festrede seine langjährige tiefe Verachtung für Fußball spielende Frauen. Alle Vorurteile breitet er genüsslich vor uns aus. Doch dann, ein Wunder geschieht, erzählt er von seiner Beobachtung als Zuschauer dieser Frauenfußballweltmeisterschaft. Er lobt, er schwärmt. `Mit ihrem Sportgeist´, so die Begründung für die Preisverleihung, `setzen die Spielerinnen neue Maßstäbe für den deutschen Fußball´. Und ergänzt wurde, dass die männlichen Spieler öfter mal den Frauen zuschauen sollten, wenn sie `guten, fairen, von Teamgeist getragenen Fußball sehen wollten´."

Männern und Frauen als solche anerkennen und auch daran interessiert sind, diese abzubauen. Des Weiteren darf dies nicht zu einer strukturellen Benachteiligung der Frauen führen, wenn typische Frauenarbeitsplätze mit Männern besetzt werden, muss es einen Ausgleich in anderen Arbeitsbereichen kommen.[270]

Reflexionsanregungen:

Die Sensibilisierung der Erzieherinnen und Erzieher für das eigene Lebenskonzept als Frau bzw. Mann und für das der Mädchen und Jungen kann über die biografische Aufarbeitung des ‚Frauwerdens' bzw. ‚Mannwerdens' der Erzieherin bzw. des Erziehers erreicht werden. Hierbei kann es hilfreich für die Erzieherinnen und Erzieher sein, folgende Dinge zu reflektieren:[271]

Reflexion des Vergangenen: Wie war es damals für sie/ihn als Mädchen/als Junge?

Aussehen, Gefühle, bevorzugte Spiele, Spielpartner/innen, Spielorte? War das Verhalten der Erzieherin/des Erziehers als Kind „wild" oder eher „brav"? Was hat ihr/ihm daran gefallen (nicht gefallen), ein Mädchen /bzw. ein Junge zu sein? Gab es Dinge, die für Mädchen/Jungen erlaubt bzw. verboten waren? Erwartungen und Aufgaben, die an sie als Junge/Mädchen herangetragen wurden? Evtl. Privilegien für Jungen/für Mädchen? Gab es weibliche und/oder männliche Vorbilder für sie/ihn? Was wollte sie/er gern verändern? / Wie wollte sie/er sein? Hat er/sie Geschlechtszuschreibungen überschritten? War sie/er auch „böse", „wütend", „wild", / „ängstlich", „anhänglich"; „zickig"? In welcher Situation? Wurde sie/er als Mädchen/Junge durch abwertende Zuschreibungen aufgrund des Geschlechts verletzt? Hat

---

[270] vgl. Faulstich-Wieland, H.(2001): Gender Mainstreaming im Bereich der Kindertagesstätten, S.121-131, S.128.
[271] vgl. Focks, P. (2002) a. a. O.: S.122-127.

sie/er etwas, das von ihr/ihm als Mädchen/Jungen, verlangt wurde, wütend gemacht? In welchen Situationen hat sie/er sich klein, traurig und/oder verletzbar gefühlt? In welchen Situationen hat sie/er sich stark, mutig, froh gefühlt?

Reflexion der gegenwärtigen Situation als Frau/Mann, Erzieherin/Erzieher:

Gibt es etwas, das er/sie immer mal probieren wollte, aber schon vergessen hatte? Aussehen des Tagesablaufs: Aufgaben und Pflichten als Frau/Mann? Beispiel: Als Kreisdiagramm: Eigene Zeit: Erwerbsarbeit, Hausarbeit, Kindererziehung, ehrenamtliche bzw. gemeinnützige Arbeit, politisches Engagement, Zeit für sich selbst? Privilegien als Frau/als Mann? Evtl. weibliche/männliche Vorbilder? Was mag sie/er an Frauen/Männern? Was stört sie/ihn? Wie würde sie/er gerne sein und was dann gerne tun? Gibt es Gefühle, die sie/er weniger spüren/weniger gut ausdrücken kann? Welche? Gibt es etwas, was sie/er nicht getan hat/nicht tun konnte, weil sie/er eine Frau/ ein Mann ist? Situationen, in denen von der Erzieherin/dem Erzieher, Frau-Sein bzw. Mann-Sein besonders gezeigt wird, bzw. das Verhalten typisch weiblich/männlich ist?

Reflexion des Verhaltens gegenüber den Mädchen und Jungen:

Was gefällt der Erzieherin/dem Erzieher an den Mädchen in der Gruppe? Was stört sie/ihn? Wie sehen die Lebenswelten der verschiedenen Mädchen aus? Was gefällt der Erzieherin/dem Erzieher an den Jungen? Was stört sie /ihn? Wie sehen die Lebenswelten der verschiedenen Jungen aus? Wie verteilt die Erzieherin/ der Erzieher die ihr/ihm zur Verfügung stehende Zeit unter den Geschlechtern? Bitten die Erzieherinnen/Erzieher evtl. für manche Aufgaben eher Mädchen/eher Jungen um Hilfe? Wird geschlechtsspezifisches Verhalten durch die Erzieherinnen und Erzieher evtl. verstärkt? (Bei-

spiel: Lob für rücksichtsvolles Verhalten von Mädchen). Fördert die Erzieherin/der Erzieher die Selbstbehauptung von Mädchen, das Ausdrücken von Wut und die Erprobung „anderer" Spiele (z. B.: im technischen Bereich)? Wird mehr Rücksichtnahme von Mädchen als von Jungen erwartet? Gibt es unterschiedliche Erwartungen an Mädchen/Jungen in Konfliktsituationen? Teilt die Erzieherin/der Erzieher die Kinder in Gruppen ein, um sich ihr Verhalten zu erklären? Werden dabei evtl. unterschiedliche Fähigkeiten/Eigenschaften einzelner Kinder übersehen? Geben Erzieherinnen/Erzieher Jungen die Möglichkeit „Ängste, Kleinheitsgefühle, Traurigkeit" zu zeigen? Beteiligen Erzieherinnen und Erzieher Jungen an den alltäglichen Dingen wie aufräumen, Tischdecken, kleineren Kindern behilflich sein? Werden Jungen von den Erzieherinnen und Erziehern Grenzen gesetzt, wenn diese Mädchen „abwerten oder zurücksetzen?" Wie reagieren Erzieherinnen und Erziehern bei Geschlechtsüberschreitungen von Mädchen und Jungen? Wann zeigen die Erzieherinnen und Erzieher selbst typisch weibliches/typisch männliches Verhalten?

6.2.2 Reflexion der Berufsrolle im Teamgespräch

Ebenso wie für die Selbstreflexion können diese Reflexionsanregungen im Teamgespräch verwendet werden. Obwohl hierfür gleich dieselben Gesprächsregeln, wie sie die NAKOS (Nationale Kontakt- und Informationsstelle für Selbsthilfegruppen) empfiehlt, angegeben werden, ist der Rahmen eines Teamgesprächs kein in gleicher Weise geschützter Raum, wie es Selbsthilfegruppen oder die Supervision bieten. [272]

Vorab sollten im Team Gesprächsregeln vereinbart werden. In vielen Kindergärten existieren diese auch in einer einfacheren Form für die Kinder z. B. für

---

[272] vgl.: Blatt VI Kommunikation in Gruppen aus: Gruppen im Gespräch; Gespräche in Gruppen DAG SHG (Hrsg.): (2002).

Gruppengespräche im Stuhlkreis: die Erzieherinnen und Erzieher sollten diese Regeln auch selbst in ihren Gesprächen anwenden:[273]

Die schon in der Selbstreflexion erwähnten Fragen können als Einstieg ins Teamgespräch verwendet werden:

Was gefällt mir an Mädchen/ an Jungen und was gefällt mir an Mädchen/Jungen nicht?

Die Antworten sollen möglichst groß und lesbar auf Karteikarten geschrieben werden. Sie sollten im Anschluss im Team diskutiert werden. Die für die Selbstreflexion genannten Fragen können auch zuerst in Einzelarbeit beantwortet und nachher im Team diskutiert werden.

Organisation der Zusammenarbeit im Team

Auch die Aufgabenverteilung und Zusammenarbeit innerhalb des Teams der Erzieherinnen und Erzieher sagt viel über die Strukturen und das in diesen implizierte Geschlechterverhältnis aus[274].

Folgende Punkte können im Team besprochen werden, um zu einer gegensei-

---

[273] vgl. Kasüschke, D. (2001): Geschlechtsspezifische Erziehung im Kindergarten, das Teamgespräch, S.38-40, S.38/39, in Kindergarten heute 3/2001, Mögliche Regeln: 1. Reden in der „Ich-Form", also z.B. nicht verallgemeinern Mädchen/Jungen sind,...; Erwin/Trude ist, sondern: ich bin der Meinung, dass Jungen/Mädchen sich....verhalten; meiner Meinung nach verhält sich Erwin/Trude in dieser Situation....; 2. Alle Aussagen Ernst nehmen und nicht sofort be- oder abwerten: Also nicht sagen: Das hätte ich nicht so gemacht , sondern nachfragen, warum der/oder diejenige diesen Weg gewählt hat.; 3.Jede/n ausreden lassen, ohne dass er/sie unterbrochen wird; die Beiträge sollten nicht sofort kommentiert werden. 4.Der/dem anderen aufmerksam zuhören.

[274] vgl. Focks, P.: (2002): S.126/127 und DAG SHG (Hrsg.) (2002): Blatt VI, Kommunikation in Gruppen aus: Gruppen im Gespräch; Gespräche in Gruppen Folgende Anhaltspunkte können hier im Teamgespräch weiterhelfen: 1.Wer übernimmt welche Aufgaben, gibt es hier geschlechtsspezifische Besonderheiten?; 2.Übernehmen Erzieherinnen bzw. Erzieher spezifische Rollen (z.B. fürsorglich sein , Grenzen setzen, trösten, usw.) Wer setzt die eigene Meinung am ehesten durch?; 3.Gibt es Fragen und Probleme, die gar nicht besprochen werden? 4.Sind die Erzieherinnen und Erzieher mit der derzeitigen Arbeits- und Aufgabenverteilung zufrieden? Was würden sie evtl. verändern wollen?; 5.Wie ist es möglich, individuelle Talente/Fähigkeiten im Alltag besser zu nutzen?; 6. Wie kann die gegenseitige Unterstützung verbessert werden?

tigen Unterstützung in der geschlechtergerechten Pädagogik zu gelangen[275]:

- Welche Möglichkeiten der gegenseitigen Unterstützung stehen dem Team für die Auseinandersetzung mit Leitung, Träger, Eltern und untereinander zur Verfügung?

- Welche Möglichkeiten stehen dem Team zur Verfügung, um sich gemeinsam für bessere Arbeitsbedingungen einzusetzen und zu einer gleichberechtigten Förderung aller Kinder (Jungen und Mädchen) zu kommen? Welche politischen Möglichkeiten gibt es, kann die Frauenbeauftragte (Gender-Mainstreamingbeauftragte) bzw. die Kindergartenbeauftragte die Erzieherinnen und Erzieher in ihrem Bemühen um eine geschlechtergerechte Pädagogik unterstützen (evtl. Vermittlung und Organisation von Fortbildungsangeboten für die Erzieherinnen und Erzieher)?

- Gibt es andere Kindergärten, die sich ebenfalls um eine geschlechtergerechte Erziehung bemühen? Bestehen evtl. Kooperationsmöglichkeiten mit anderen Kinder- und Jugendhilfeeinrichtungen, Schulen?

- Welche finanziellen Unterstützungsmöglichkeiten bestehen? Z. B.: für Fortbildungen von Erzieherinnen und Erzieher zum Thema geschlechtergerechte Pädagogik? Für geschlechtergerechte Projektarbeit?

Abgeschlossen werden sollten Teamgespräche immer mit einer persönlichen Feedback-Runde, in der jede/r sich äußern kann, was gut, neu oder auch für sie/ihn ärgerlich war und womit sie/er sich das nächste Mal beschäftigen möchte.

---

[275] vgl. Focks, P.: (2002): a. a. O. S.127.

6.3 Elternarbeit

Elternarbeit ist ein elementarer Bestandteil der pädagogischen Arbeit (Erziehung, Bildung und Betreuung) im Kindergarten und umfasst alle Angebote eines Kindergartens für die Familien des jeweiligen Einzugsgebietes. Eltern und Kindergarten sollten kooperieren und so konstruktiv, partnerschaftlich und im Dialog zum Wohl des Kindes zusammenarbeiten. Hierfür ist es notwendig, dass Einrichtung und Eltern Informationen austauschen und gegenseitige Erwartungen abklären. Eltern sollten aktiv im Kindergarten mitwirken können.

Ebenso sollte der Kindergarten Möglichkeiten schaffen, dass Eltern sich untereinander begegnen und zu einer Unterstützung anderer sozialer Netzwerke im Gemeinwesen beitragen.[276] Als integrativer Bestandteil der Erziehungsarbeit sollte die Elternarbeit ebenso wie die Verpflichtung zur Umsetzung einer geschlechtergerechten Pädagogik in der Konzeption verankert werden. Möglichkeiten zur Umsetzung der geschlechtergerechten Pädagogik im Bezug auf die Arbeit mit Eltern bestehen in der alltäglichen Elternarbeit und in der Form geplanter Aktionen, wie Projekten oder Festen, da das von den Mädchen und Jungen entwickelte Rollenverständnis davon abhängt, was ihnen die erwachsenen Bezugspersonen (zunächst Eltern und vielfach auch Großeltern) vorleben.[277]

Einen großen Einfluss auf die Identitätsentwicklung der Jungen und Mädchen haben zuerst ihre direkten Bezugspersonen, zumeist Eltern und vielfach auch Großeltern. Diese messen der Geschlechtszugehörigkeit ihres Kindes eine große Bedeutung bei. Eine geschlechtergerechte Pädagogik stellt die Förderung von Fähigkeiten der Mädchen und Jungen zu Partnerschaft mit anderen Mädchen und Jungen, aber auch die Selbstverwirklichung der

---

[276] Bernitzke, F.; Schlegel, P. (2004): Das Handbuch der Elternarbeit, Bildungsverlag EINS, Troisdorf, S.10: Elternarbeit definiert nach Stürmer (2001): Neue Elternarbeit.

[277] vgl. Kasüschke, D. (2001): Didaktischer Baustein (2) Elternarbeit: Kindergarten heute 4/2001, S.36-38.

Mädchen und Jungen in den Mittelpunkt der pädagogischen Bemühungen. Kontakte zu den Eltern und die Zusammenarbeit mit ihnen durch eine Einbeziehung in die pädagogische Arbeit können dazu beigetragen, evtl. „Überbewertungen der Geschlechtszugehörigkeit" abzubauen.[278]

Zu den „Kernaufgaben" der Erzieherinnen und Erzieher im Kindergarten gehört neben der „Förderung der Persönlichkeitsentwicklung" die „Beratung und Information der Eltern". Der „eigenständige Bildungs- und Erziehungsauftrag" des Kindergartens ist im „ständigen Kontakt mit den Eltern" auszuführen, deren „erzieherische Entscheidungen" vom Kindergarten geachtet werden müssen. [279] Die Vermittlung eines möglichst großen Repertoires an geschlechtsrelevanten Erfahrungen sollte auch Ziel der Elternarbeit im Kindergarten sein.

Die alltäglich häufigste Form der Elternarbeit im Kindergarten sind die „Tür-und-Angel-Gespräche", zu denen es beim Bringen und Abholen der Jungen und Mädchen kommt. Hier haben Erzieherinnen und Erzieher die Möglichkeit, wichtige Erlebnisse der Mädchen und Jungen kurz mitzuteilen und diese auf, von den Eltern nicht vermutete und/oder evtl. noch nicht wahrgenommene Fähigkeiten der Kinder anzusprechen, zum Beispiel: „Herr Dräger, ihr Sohn Jonathan hat heute Morgen im Frühdienst mit mir gemeinsam das Frühstück für unsere Gruppe vorbereitet" oder auch: „Ihre Tochter Merle hat heute beim Kopieren der Einladungen dabei geholfen, den Papierstau im Kopierer zu beseitigen." Es besteht so die Möglichkeit, auch die Eltern selbst dazu anzuregen, ihre Töchter/Söhne in eher geschlechtsuntypischen Bereichen zu fördern.

Allerdings ist nach den Befragungsergebnissen der von Lilian Fried angeführten Studien von Rösch (1992) und Schmidt (1997) nicht ohne weiteres

---

[278] Verlinden, M. (1995): a. a. O.: S.85.
[279] vgl. Gesetzentwurf zur frühen Bildung und Förderung von Kindern, (Kinderbildungsgesetz, KiBiz, NRW, tritt zum 01.08.2008 in Kraft) hier §3, S.7.

damit zu rechnen, dass Eltern dem Thema der geschlechtergerechten Pädagogik aufgeschlossen gegenüberstehen und diese befürworten. Ergebnis dieser Studien ist, dass Eltern überwiegend nicht glauben, „dass es sich im späteren Leben als hilfreich erweist, wenn Jungen zu mehr Gefühlsbezogenheit und Mädchen zu mehr Durchsetzungsfähigkeit erzogen werden"[280].

Wenn die Erzieherinnen und Erzieher ihre Arbeit im Sinne von Gender Mainstreaming an der gleichberechtigten Teilhabe und Förderung von Jungen und Mädchen ausrichten wollen, müssen auch die Eltern als Erziehungspartnerinnen und -partner der Erzieherinnen und Erzieher zunächst für dieses Thema sensibilisiert werden. Der Einstieg ins Thema kann über die Gestaltung eines Elternabends zum Thema geschlechtergerechte Erziehung gelingen. Jedoch sollten im Sinne von Gender Mainstreaming thematische Elternabende immer auch geschlechtsspezifische Aspekte enthalten.

Es könnte so zum Beispiel zu einem Projekt mit dem Thema „Spiel und Spielzeug" auch den Eltern ein Einblick in die Geschlechtsspezifik gewährt werden.[281] So könnte der anstehende Elternabend mit den Kindern vorbereitet werden, indem Abbildungen von Spielzeug ausgeschnitten und auf zwei großen Plakaten einer „Mädchenpuppe" und einer „Jungenpuppe" zugeordnet wird. Spielzeug, das die Kinder nicht eindeutig zuordnen können, wird auf ein extra Plakat in der Mitte geklebt. Zur Dokumentation wird diese Aktion mit der Videokamera gefilmt.

Am Elternabend erhalten die Mütter und Väter bzw. weiblichen und männlichen Erziehungsberechtigten die Aufgabe, in zwei unterschiedlichen Bereichen zu spielen: Der Bereich für die Mütter bzw. weiblichen Erziehungsberechtigten enthält Technik-Spielzeug (z. B.: Knex, Fisher price oder baufix), aus denen die Mütter etwas für die Kinder zusammenschrauben bzw. –bauen

---

[280] Fried, L. (2001): Jungen und Mädchen im Kindergarten; S.10-12, S.11.
[281] vgl. hierzu: Landesstelle Sachsen-Anhalt: Geschlechtergerechte Kinder- und Jugendhilfe Sachsen Anhalt e.V. S.1-26, S.20-21.

sollen und im anderen Bereich erhalten die Väter Material, aus dem sie für ihre Kinder Beutel nähen sollen.

Im Anschluss an diese Aktion sollen die Eltern über ihre Eindrücke, Gedanken und Gefühle ins Gespräch kommen. Danach folgt ein Zusammenschnitt des Videofilms der Aktion ihrer Kinder. Im anschließenden Gespräch kann darüber gesprochen werden, welches Spielzeug den Kindern zu Hause zur Verfügung steht, womit diese sich am liebsten beschäftigen und was zum Beispiel passieren würde, wenn ein Junge aus dem Kindergarten ein Mädchen besucht und umgekehrt: Ist auch Spielzeug für das jeweils andere Geschlecht interessant oder ist etwas vorhanden, was gerade deswegen interessiert, weil „mann"/„frau" es zu Hause nicht hat?[282] Der Elternabend kann so Einstieg in ein Projekt zu neuen „Spielräumen" im Kindergarten (und auch zu Hause) werden, bei denen z. B. die Funktionsbereiche (Bauecke, Puppenecke) verändert bzw. umgestaltet werden können. Als dessen Abschluss könnte dann ein Fest zur Einweihung der neugestalteten bzw. umgestalteten Bereiche stattfinden.

Ein weiterer wichtiger Punkt ist es auch speziell nach Einbindungsmöglichkeiten für Väter zu suchen, damit es nicht dazu kommt, das deren vermeintliches Desinteresse dazu führt, das sich dass traditionell weibliche Milieu des Kindergartens verstärkt. Eine Möglichkeit wären gesonderte Vater-Kind Angebote.[283]

---

[282] Ein Beispiel: die Babypuppe Hanna meines Sohnes: Er bekam sie zu Weihnachten, als im Bekanntenkreis gerade der zweite „Babyboom" ausgebrochen war (Hanna heißt übrigens auch seine Kusine, die geboren wurde, als er zwei Jahre alt war und auf Grund der „echten" Hanna" ganz dringend auch ein „eigenes Baby" brauchte. Sein bester Freund hatte keine „Hanna", da sein Vater der Meinung war, dass es schlecht für Jungen ist, wenn sie mit Puppen spielen, weshalb sie sich zu diesem Zeitpunkt lieber in Jonathans Zimmer zum Spielen aufhielten, um „Hanna" zu versorgen und somit ihre neuen Erfahrungen im Bezug auf Babys (siehe „echte" Hanna) im Spiel zu verarbeiten.

[283] vgl. Textor, M. R (1999): Väter im Kindergarten; aus: *Bildung, Erziehung, Betreuung von Kindern in Bayern* 1999, 4, Heft 1, S. 10-13 Textor hat in diesem Artikel einige interessante Ideen zusammengetragen, um Väter für die Kindergartenarbeit zu gewinnen. Ich kann hier nicht näher darauf eingehen, finde den Artikel aber hilfreich und

6.4 Beobachtung und Veränderung des Alltags

Soll eine Veränderung zu einem geschlechtergerechten Miteinander von Mädchen und Jungen im Kindergarten erreicht werden, ist es wichtig, zunächst genaue Erkenntnisse über den derzeitigen Ist-Zustand des Miteinanders zu gewinnen, um danach zu entscheiden, wo Ansatzpunkte für Veränderungen zu einer geschlechtergerechten Pädagogik, einem geschlechtsunabhängigen Miteinander im Kindergarten liegen. Das Erkennen und Verstehen der Lebenswelten, Lebensbedingungen und Geschlechterverhältnisse im Kindergarten muss also der erste Punkt sein, der einer zielgerichteten Veränderung vorausgeht. Erzieherinnen und Erzieher müssen sich zunächst einen Überblick verschaffen. Beobachtungen sind ein wesentlicher Teil des alltäglichen Lebens und bieten einen spezifischen Zugang zu sozialen Phänomenen und gesellschaftlichen Verhältnissen.

Im Gegensatz zu den alltäglichen Beobachtungen erfolgt die wissenschaftliche Beobachtung systematisch und möglichst objektiv. Sie ist in verschiedenen wissenschaftlichen Bereichen eine grundlegende Methode, um Daten zu gewinnen und genaue und vielfältige Informationen über den Beobachtungsgegenstand zusammenzutragen. Ganz allgemein kann unter einer wissenschaftlichen Beobachtung die aufmerksame, planmäßige und zielgerichtete Wahrnehmung von Vorgängen, Ereignissen und Verhaltensweisen verschiedener Lebewesen zu einem bestimmten Zeitpunkt in einer bestimmten Situation verstanden werden.

Ziel der Beobachtung ist es, genauere Kenntnisse über die beobachtete Person bzw. den beobachteten Gegenstand zu gewinnen. Beobachtet werden können allgemeine oder besondere Dinge, je nachdem, welche Beobachtungsfrage Grundlage der Beobachtung ist. Wichtig ist, dass die Beobachtung unter einem bestimmten Thema stattfindet, denn so ist das Beobachtungsfeld für

lesenswert.

die Beobachterin/den Beobachter überschaubar und sie/er kann die ermittelten Daten auch für die weitere Arbeit gebrauchen.[284]

Durch gezielte Beobachtung der Beziehungen zwischen Mädchen und Jungen und einer anschließenden Reflexion derselben können viele wichtige Erkenntnisse für das pädagogische Handeln der Erzieherinnen und Erzieher gewonnen werden. Gezielte Beobachtungen liefern Ansatzpunkte, um das Miteinander zu fördern. Auch wenn Eltern, Erzieherinnen und Erzieher versuchen, den Kindern geschlechtsunabhängige Entwicklungschancen zu ermöglichen, nehmen diese ihre Umwelt „geschlechtsspezifisch" wahr und erkennen schnell, dass die Stellung von Männern und Frauen unterschiedlich ist. Ihnen werden vielfach am Tag durch unterschiedliche Medien Bilder von Mädchen und Jungen vermittelt. Niemand kann sich diesen hier erfolgenden geschlechtsspezifischen Rollenzuweisungen vollständig entziehen.[285]

Im Gegensatz zu Kindern können Erwachsene, die ebenfalls diesen Eindrücken ausgesetzt sind, diese jedoch ganz anders verarbeiten und reflektieren. Es ist trotzdem wichtig, dass Erzieherinnen und Erzieher ihre eigenen Wahrnehmungen überprüfen, da auch diese immer subjektiv geprägt sind. Dies gilt auch für die gezielte Beobachtung der Mädchen und Jungen im Kindergarten. Ein Beispiel für die geschlechtergerechte Veränderung im Kindergarten kann in einer die Interessen beider Geschlechter berücksichtigenden räumlichen Umgestaltung liegen.

Geschlechtergerechter Umgang mit der Raumgestaltung

Auch ein beiden Geschlechtern gerecht werdender „geschlechterbewusster" Umgang mit der Raumgestaltung muss auf der Grundlage systematischer Be-

---

[284] vgl. Strätz, R.; Demandewitz, H. (2000): Beobachten; Anregungen für Erzieherinnen im Kindergarten, SPI, Votum-Verlag, Münster, S.65.

[285] vgl. hierzu Grabrucker, M. (1985): „Typisch Mädchen..." Prägung in den ersten drei Lebensjahren; Ein Tagebuch. Z.B.: Häufiger Kommentar von Anneli: Mann redet! Frau nackig!, da sie Männer im öffentlichen Leben und in der Werbung als immer „redend" und Frauen z.B. in der Werbung hauptsächlich wenig bekleidet wahrgenommen hatte.

obachtung des Raumnutzungsverhaltens von Mädchen und Jungen erfolgen. Um zu einem geschlechtergerechten Umgang auch mit dem oft als ‚dritten Erzieher'[286] bezeichneten Raum im Kindergarten zu kommen, müssen die Räume so gestaltet sein, dass sie den Mädchen und Jungen ohne Hilfe einer Erzieherin/eines Erziehers Anregungen, Ideen und Spielmöglichkeiten bieten. Um dies zu ermöglichen, ist ein offenes Kindergartenkonzept von Vorteil. Die Mädchen und Jungen sind bei diesem offenen Konzept nicht auf „ihren Gruppenraum" festgelegt, sondern es steht ihnen frei, welches Raumangebot sie nutzen. Gerade für Kindergärten mit einem geringen Raumangebot kann hier eine Möglichkeit liegen, mehr „Raum" zu gewinnen, da durch die Öffnung der Gruppen (zumindest für eine Kernzeit des Tages) nicht mehr in jeder Gruppe alle „Funktionsbereiche" vorgehalten werden müssen, sodass die einzelnen Funktionsbereiche mehr Platz zum Spielen bieten können. Ein Beispiel:[287]

So kam es in der Kindertagesstätte Schneidemühler Weg in Sindelfingen, die an einem gemeinsamen Projekt des Regiebetriebs Kindertagesstätten Sindelfingen und der Gleichstellungsstelle mit dem Thema: „Gender Mainstreaming – ein Thema für die Kindertagesstätte?!" teilnahmen dazu, dass diese, unter Gender Mainstreaming Aspekten, das Thema „Bewegung ist Leben - in Bewegung bleiben" in ihrem Kindergarten bearbeiteten. Das Projekt lief vom ersten Gender–Mainstreaming Seminar der Leiterinnen aller Kindertagesstätten der Stadt Sindelfingen 2004 bis zur Präsentation der Ergebnisse 2006. Die konkrete und praktische Umsetzung der Maßnahmen erfolgte von Januar bis Juni 2005, im Juli bis September erfolgte die Auswertung und ab September 2005 wurde eine Dokumentation erstellt, die 2006 im Jugend-

---

[286] „Der Raum ist der dritte Erzieher", sagte Loris Malaguzzi, der in Reggio Emilia ein Raumkonzept für den Kindergarten erarbeitete.

[287] vgl. hierzu: Stadt Sindelfingen (2005): Gender Mainstreaming - ein Thema für die Kindertagesstätte?! Ein Projekt des Regiebetriebs Kindertagesstätten und der Gleichstellungsstelle der Stadt Sindelfingen, ((2005): Teilprojekt „Bewegung ist Leben – in Bewegung bleiben") S.8-17.

und Sozialausschuss der Stadtverwaltung Sindelfingen präsentiert wurde. Anfangs sollte sich hierfür jede Erzieherin bzw. jeder Erzieher selbst zum Thema Gender Mainstreaming sachkundig machen. Im Mittelpunkt standen für das Team die Fragen:

- Wie weit kann es zu einer gedanklichen und räumlichen Öffnung der Kindertagesstätte kommen, damit -trotz des beschränkten Raum- angebots- mehr „Bewegungsfreiraum" für die Mädchen und Jungen nach ihren Wünschen entsteht, die Stammgruppen jedoch erhalten bleiben?

- Wie kann die Veränderung der Räumlichkeiten zu Funktionsräumen zu neuen (Bewegungs-)Möglichkeiten für Mädchen und Jungen in ihren „Wunschbewegungsfeldern" führen und Mädchen und Jungen neue „Bewegungsfelder" eröffnen?

- Gibt es Geschlechtsunterschiede in der Nutzung von Spielecken, Materialien oder Angeboten?

- Wie können die Mädchen und Jungen motiviert werden, Spielräume, die dem jeweils anderen Geschlecht zugeschrieben werden, zu nutzen, um so herauszufinden, ob diese Spielräume ihren Interessen ent- sprechen?

Nach einer anfänglichen Beobachtung, bei der auf einem Grundriss der Gruppenräume über vier Wochen notiert wurde, welche Jungen und Mädchen wann welche Angebote und Räume nutzten, wurde im Team- gespräch Mitte November 2004 aufgrund der Beobachtungsdaten be- schlossen, die Gruppenräume in Funktionsräume umzuwandeln: Hierbei wurde bewusst darauf geachtet, bevorzugt von Mädchen genutzte Spielecken mit bevorzugt von Jungen genutzten Spielecken zu kombinieren: So wurden in der „Stammgruppe rot" die Schwerpunkte „Bewegung und Bücherei" (Idee:

körperliche und geistige Bewegung), in der „Stammgruppe grün" die Schwerpunkte „Bauen und Cafeteria" und in der „Stammgruppe blau" die Schwerpunkte „Rollenspiel und Kreativität" kombiniert. In der Zeit von 9.00 Uhr-11.00 Uhr waren alle Räume für alle Kinder geöffnet und erst danach trafen die Mädchen und Jungen sich in ihren Stammgruppen.

Durch das Zusammenlegen von geschlechtskonnotierten Spielecken wie z. B. der Puppenecke mit Spiel- und Materialangeboten, die auch für Junge interessant sind (z. B.: Verkleidungssachen: u.a. möglich sind: Anzüge, Hüte, Blaumann, Arztkoffer, Ritter(-helme)) und der Bauecke mit Puppenhaus und kreativen Baumaterialien, welche oft von Mädchen genutzt wurden, ist es zu einer verstärkten Nutzung aller Angebote durch die Mädchen und Jungen gekommen, sodass Mädchen und Jungen geschlechtsunabhängig neue Spielräume für sich persönlich entdecken konnten. [288]

Ebenso wichtig ist es jedoch, dass Spielmaterialien und Bücher unter Gender-Aspekten neu bewertet und wenn nötig aussortiert werden: „Bilder und Kinderbücher verschwinden aus den Regalen, wenn darin Frauen überwiegend in traditionellen Rollendarstellungen, Jungen ausschließlich als mutig und Mädchen als schmückendes Beiwerk dargestellt werden"[289].

Gender Mainstreaming bedeutet, alle Materialien, Handlungen, beteiligten Personen, kurz den Alltag mit allen Situationen und Bestandteilen immer auch im Hinblick darauf zu betrachten, ob dies nicht zur Bevorzugung oder Benachteiligung des einen oder anderen Geschlechts führt, um so Mädchen und Jungen gleiche Chancen zu bieten, ihre *individuelle* Persönlichkeit entwickeln und frei entfalten zu können.

---

[288] Vgl. hierzu: Gender Mainstreaming - ein Thema für die Kindertagesstätte?!(2005): a. a. O.: S.10-17.
[289] Walters, M. (2005): Jungen sind anders, Mädchen auch; Kösel Verlag, München, S.107.

6.5 Partizipation der Mädchen und Jungen

Zur Umsetzung einer geschlechtergerechten Pädagogik ist es wichtig, dass pädagogische Angebote nicht nur von Erzieherinnen und Erziehern *für* Mädchen und Jungen, sondern *mit* diesen *gemeinsam* entwickelt werden. Mädchen und Jungen sollen am Prozess einer geschlechtergerechten Pädagogik beteiligt werden und diesen mitgestalten können, das heißt, sie sollen partizipieren.

Partizipation ist ein Menschenrecht, welches zusammen mit dem Recht auf Schutz und dem Recht auf Förderung 1989 in der UN-Kinderrechtskonvention, dem „Übereinkommen über die Rechte des Kindes" formuliert wurde und durch die Ratifizierung im April 1992 völkerrechtlich verbindliches Recht[290] geworden ist.

Durch Beteiligung lernen Jungen und Mädchen sich solidarisch zu verhalten, zu kooperieren, tolerant zu sein und für ihr Handeln selbst die Verantwortung zu übernehmen, da sie als Beteiligte die Möglichkeit haben, eigene Erfahrungen zu sammeln.

Während als Erziehung Handlungen bezeichnet werden, durch die Menschen versuchen, die Persönlichkeit anderer Menschen in irgendeiner Hinsicht zu fördern[291], kann unter Bildung das Bemühen darum verstanden werden, Menschen in die Lage zu versetzen, gegenüber der Gesellschaft eine kritische, distanzierte Haltung einzunehmen.

So wird unter ‚Allgemeinbildung' heute die Fähigkeit des Menschen verstanden, kritisch, sachkompetent, selbstbewusst und solidarisch zu denken und zu handeln.[292]

---

[290] vgl. hierzu: Kinder brauchen Demokratie: S.1-2; eingesehen am: 27.07.07 http://www.net.part.rlp.de/warum/warum_e2_kinder_text.html.

[291] vgl. deskriptiver Erziehungsbegriff nach Brezinka, in: Gudjons, H.(2006): Pädagogisches Grundwissen, S.185.

[292] Schilling, J. (1997): Soziale Arbeit, Entwicklungslinien der Sozialpädagogik/Sozialarbeit, S. 161.

Der 12. Kinder- und Jugendbericht mit dem Thema ‚Bildung, Betreuung und Erziehung vor und neben der Schule' definiert Bildung als Selbstbildungsprozess von Mädchen und Jungen in der Auseinandersetzung mit der Umwelt und im Bezug zur kulturellen, materiell-dinglichen, sozialen und subjektiven Welt. In vielen Studien wurde aufgezeigt, dass Kinder schon ab dem Säuglingsalter in der Lage sind, selbstständig und einfallsreich zu reagieren und zu handeln. Die Mädchen und Jungen bilden sich in einem aktiven Ko-Konstruktions- bzw. Ko-Produktionsprozess, der jedoch nicht unabhängig, sondern in Abhängigkeit von den, sich den Jungen und Mädchen bietenden Gelegenheiten, Anregungen und Begegnungen stattfindet. Auf diese (Bildungs-)Gelegenheiten sind die Mädchen und Jungen angewiesen, um „kulturelle, instrumentelle, soziale und personale Kompetenzen entwickeln und entfalten zu können," stellt die Sachverständigenkommission fest.[293]

Nach neueren pädagogischen Auffassungen ist Bildung immer Selbstbildung. Mädchen und Jungen entwickeln und bilden sich selbst. Versuchen Erwachsene auf diesen Prozess Einfluss zu nehmen, kann dies als Erziehung bezeichnet werden. Ziel geschlechtergerechter Pädagogik ist es nicht, Angebote für Mädchen und Jungen, sondern diese mit ihnen gemeinsam zu entwickeln. Erwachsene vermitteln Mädchen und Jungen über den Selbstbildungsprozess hinaus Erfahrungen und Wissen, welches sie dazu befähigt, selbst Wissen zu erlangen und die Welt zu begreifen.

Damit dies gelingen kann, müssen zwischen Erzieherinnen und Erziehern, Mädchen und Jungen im Kindergarten Beziehungen be- bzw. entstehen, die darauf gründen, sich gegenseitig zu achten, zu respektieren und den bzw. die andere in seiner/ihrer Person als einzigartig wertzuschätzen. Soziale Interaktion kann als Grundlage, auf der menschliche Fähigkeiten entstehen können, gesehen werden. Entwicklung als Prozess der Konstruktion von

---

[293] BMFSFJ (2005): 12. Kinder- und Jugendbericht, Bildung, Betreuung und Erziehung vor und neben der Schule, S.139.

Wirklichkeit geschieht in der Interaktion zwischen Erzieherin/Erzieher und Mädchen/Jungen. Gemeinsam gestalten diese den Prozess, bei dem Mädchen/Jungen und Erzieherinnen/Erzieher Partnerinnen und Partner sein sollen. Indem die Erzieherin/der Erzieher dem Mädchen/dem Jungen das eigene Verhalten spiegelt, kann sie/er dies erkennen.[294] Partizipation kann nur im täglichen Miteinander entstehen und somit auch erfahrbar und umsetzbar werden. Partizipation und damit die demokratische Beteiligung aller Personen im Kindergarten verlangt von den Erzieherinnen und Erziehern zunächst einen Machtverzicht. Sollen Mädchen und Jungen beteiligt werden, können Dinge nicht „in Ruhe" in der Dienstbesprechung bei einem Kaffee besprochen werden, um den Kindern dann die auf ‚Erfahrung' und ‚Wissen' beruhende ‚weise' getroffene ‚erwachsene' Entscheidung zu präsentieren.

Vielmehr geht es für die Erzieherinnen und Erzieher darum, sich in die Jungen und Mädchen hineinzuversetzen, um so zu versuchen zu verstehen, welches deren Anliegen und Bedürfnisse sind. Es geht darum, Mädchen und Jungen ihre Entscheidungen selber treffen zu lassen und sie in ihren eigenen Vorhaben, wenn sie Hilfe brauchen, zu unterstützen. Mädchen und Jungen erhalten so die Möglichkeit, ihre Fähigkeiten selbst zu erproben. Sie lernen und erfahren so: Das kann ich schon alleine (z. B. selbst entscheiden, was angezogen wird).

Demokratie, verstanden als „das Prinzip der freien und gleichberechtigten Willensbildung und Mitbestimmung in gesellschaftlichen Gruppen,"[295] bedeutet im Kindergarten, dass Mädchen und Jungen an den anstehenden Entscheidungsprozessen in einer ihrem Entwicklungsstand angemessenen Weise beteiligt werden müssen. Hierfür müssen Erzieherinnen und Erzieher mit den Kindern in einen Dialog treten. Aufgabe der Erzieherinnen und Erzieher ist

---

[294] vgl. hierzu: Colberg-Schrader, H.: (1999):Arbeitsbuch Kindergarten, S.68/69.
[295] vgl. hierzu: Der Duden, Das Fremdwörterbuch (1990): S.171, Meyers Lexikonverlag, Mannheim

es, Jungen und Mädchen auf ihrem eigenen individuellen Weg, persönlich und in der Gruppe, zu unterstützen. Kinder wollen mitentscheiden und sie können es auch. Eines der ersten Dinge, die Mädchen und Jungen ihren Eltern mitteilen ist: „Nein. Alleine!"

Sobald Mädchen und Jungen etwas gelernt haben oder neu herausgefunden haben, wollen sie dies ohne die Hilfe anderer erproben. Mädchen und Jungen haben ein existenzielles Bedürfnis danach, als eigenständige Persönlichkeit anerkannt, geachtet und respektiert zu werden und ihre *eigenen* Entscheidungen zu treffen. Sie haben ebenso wie Erwachsene Kompetenzen, durch die sie andere Aspekte und Perspektiven mit in den Kindergartenalltag einbringen können.

Wenn also über Partizipation von Mädchen und Jungen bzw. über die Rechte von Kindern als sogenannte „Bürgerrechte" diskutiert wird, muss es auch in Kindergärten darum gehen, den Mädchen und Jungen weitreichende Mitentscheidungsmöglichkeiten zu bieten und diese beim Finden eigener Lösungen nur dort zu unterstützen, wo sie tatsächlich Hilfe benötigen.[296]

Partizipation als Bestandteil einer geschlechtergerechten Pädagogik

Partizipation, die Beteiligung der Mädchen und Jungen, ist im SGB VIII §8 als ein Bestandteil der Kinder- und Jugendhilfe festgelegt, wenn es hier zu Beginn heißt: „Kinder und Jugendliche sind entsprechend ihrem Entwicklungsstand an allen sie betreffenden Entscheidungen der öffentlichen Jugendhilfe zu beteiligen"[297].

Partizipation ist also keine Erziehungsmethode, sondern eine grundsätzliche Haltung, ein demokratisches Prinzip dem/der „anderen" gegenüber, der/die dieselbe Achtung und Wertschätzung verdient, wie derjenige/diejenige selbst.

---

[296] vgl. hierzu: Colberg-Schrader; H.: (1999): Arbeitsfeld Kindergarten; Juventa Verlag, S. 70.
[297] solex, die Datenbank für Sozialleistungsrecht, Walhallaverlag, letztes Update: März 2007.

Mädchen und Junge lernen dadurch, dass es normal ist, verschieden zu sein und dass jedes Kind das Recht hat gleiche, andere oder ähnliche Interessen und Wünsche zu haben. Ebenso können sie lernen, sich in die Situation eines anderen Kindes hinein- und mit der Sichtweise der anderen Kinder auseinanderzusetzen.

> „Erkläre mir und ich werde vergessen.
> Zeige mir und ich werde mich erinnern.
> Beteilige mich und ich werde verstehen."[298]

Jede/r, die/der schon einmal versucht hat ein unbekanntes Spiel neu zu erlernen, hat schnell festgestellt, dass ein/e andere/r es noch so gut erklären kann: Verstanden wird das Spiel zumeist erst dadurch, dass es selbst gespielt wird. Nur durch die eigene Erfahrung, das eigene Tun, die direkte Beteiligung ist das Spiel ‚richtig' zu begreifen. Ebenso ist es auch mit der Demokratie.

So können Mädchen und Jungen in demokratischen Entscheidungsprozessen, an denen sie beteiligt sind, eigene Erfahrungen machen und ihre Fähigkeiten erproben. Aufgabe der Erzieherinnen und Erzieher ist es, den Mädchen und Jungen demokratisches Verhalten im Team vorzuleben. Die Arbeit im Team der Erzieherinnen und Erzieher kann für die Kinder zum Modell werden, wenn diese ihre Entscheidungen demokratisch treffen. Die Mädchen und Jungen können so erleben, dass es in Ordnung ist, unterschiedlicher Meinung zu sein und das jede/r das Recht auf ihre/seine eigene Meinung hat. Entscheidungen sollen gemeinsam getroffen werden. Das ist nicht immer ganz einfach, bietet aber ein gutes Lernfeld für alle Beteiligten.

Es geht also darum, etwas gleichberechtigt selbst und gemeinsam mit

---

[298] aus: Deutsche Arbeitsgemeinschaft Selbsthilfegruppen e.V. (DAG SHG) (Hrsg.) (2002): Gruppen im Gespräch; Gespräche in Gruppen; Ein Leitfaden für Selbsthilfegruppen, (Konfutius?).

anderen Mädchen und Jungen zu erfahren. Das Finden geschlechtergerechter Beteiligungsformen ist in gemischt-geschlechtlichen Gruppen schwierig, wie unterschiedliche Beteiligungsverfahren zeigen. „Je stärker sich Beteiligung öffentlich abspielt, desto schwerer können sich Mädchen artikulieren, (sie) ... sind es eher als Jungen gewohnt, sich Spielnischen zu suchen"[299].

So zeigen sich nicht immer, aber überproportional häufig geschlechtsspezifische Unterschiede. Während Jungen ihre Interesse häufiger durchzusetzen versuchen, nehmen Mädchen die Angebote, die sie bekommen, zumeist so an, wie diese sind. Durch die häufige Erfahrung vieler Mädchen aus attraktiven Spielbereichen schnell von Jungen vertrieben zu werden, sehen diese oftmals keinen Sinn darin, ihre Wünsche zu äußern.

Dies kann auch durch ein weiteres Beispiel (aus dem Hortbereich) belegt werden[300]: Z. B. führte hier die Beschwerde einer Gruppe von Jungen darüber, dass sie das Nachmittagsangebot langweilig fänden, kombiniert mit dem gleichzeitigen Vorschlag ein Fußballteam aufzubauen, um gegen andere Horteinrichtungen bei Turnieren anzutreten dazu, dass dieser Vorschlag unter Leitung des männlichen Erziehers durchgeführt wurde. Dadurch, dass sich die Mädchen nicht beschwerten, wurde ohne Nachfrage angenommen, dass diese mit dem Angebot zufrieden seien. Durch Beobachtung und gezielte Nachfrage einer Mitarbeiterin stellt sich jedoch heraus, dass die Mädchen eigentlich andere Interessen hatten: Sie wollten nachmittags am liebsten öfter schwimmen gehen oder Ausflüge mit dem Fahrrad unternehmen, hatten ihre Wünsche aber von selbst nicht geäußert. Dies unterstreicht noch einmal, wie wichtig die genaue Beobachtung ist.

Für die Beteiligungsform der Jungen und Mädchen spielt auch das Alter eine wichtige Rolle: Je jünger die Kinder sind, desto wichtiger ist es, Beteiligungs-

---

[299] Knaur; Brand 1998; zitiert nach Kasüschke, D. (2001): Partizipation von Mädchen und Jungen, S.36, in: Kindergarten heute 7/8 2001; S.34-38.
[300] vgl. hierzu: Kasüschke, D. (2001): Partizipation von Mädchen und Jungen, a. a. O.: S.36.

formen zu finden, deren Grundlage gemeinsames Handeln sowohl beim Spielen, als auch im alltäglichen Miteinander ist.[301] So kann z. B. schon eine so einfache Änderungen wie der Umstieg auf ein „gleitendes Frühstück" Mädchen und Jungen mehr eigene Entscheidungsmöglichkeiten bieten. Um allen Kindern, Mädchen und Jungen, bei Beteiligungsprozessen gleiche Chancen zu ermöglichen, sollte Folgendes überprüft werden:[302]

- Sind die Interessen aller (Mädchen/Jungen, jüngerer Kinder/älterer Kinder) mit in die Planung einbezogen worden? Wurde niemand vergessen?

- Haben die Mädchen und Jungen gesagt, was sie davon (z. B. von der Einführung des „gleitenden Frühstücks") halten? Wie fiel ihr Urteil aus? Wie kann es berücksichtigt werden?

Durch Partizipationsmöglichkeiten können Mädchen und Jungen lernen, Verantwortung zu übernehmen. Die verschiedenen Aufgaben im Kindergartenalltag können gemeinsam mit den Mädchen und Jungen verteilt werden. Wichtig ist es, den Mädchen und Jungen Raum für ihre eigenen Erfahrungen zu geben. Deswegen sollten Erzieherinnen/Erzieher möglichst nicht eingreifen, selbst wenn sie vorher schon vermuten, dass ein Kind eine Aufgabe (noch) nicht bewältigen kann. Erzieherinnen und Erzieher müssen sehr geduldig mit den Kindern gemeinsam daran arbeiten, ihre Kompetenzen auszutesten und durch eigenständige Übernahme von Teilaufgaben zu erweitern: Obwohl es manchmal nicht einfach zu realisieren ist, lohnt sich dieser Prozess, da Mädchen und Jungen hierdurch mehr Mut und Selbstbewusstsein erlangen können.[303]

---

[301] vgl. Kasüschke, D. (2001): a. a. O.: S.36.
[302] vgl. Kasüschke, D. (2001): a. a. O.: S.37.
[303] vgl. Kasüschke, D. (2001): a. a. O.: S.38.

6.6 Bewältigungsstrategien erkennen; neue Erfahrungen ermöglichen

Unterschiedliche Themen spielen in der geschlechtergerechten Pädagogik eine zentrale Rolle und können die Auswahl an Handlungsmöglichkeiten für Mädchen und Jungen ausweiten und ihnen, geschlechtsunabhängig, neue Erfahrungen ermöglichen. Der Schwerpunkt, um zu Veränderungen zu gelangen, liegt hier auf gesellschaftlich geschlechtstypisch zugeordneten Verhaltensweisen, die von den Jungen und Mädchen selbst erworben, produziert und verändert werden können. Wenn z. B. Geschlecht als soziales Verhältnis im alltäglichen Miteinander im Kindergarten nicht beachtet wird, kann es ungewollt dazu kommen, dass problematische Verhaltensweisen von Mädchen und Jungen gar nicht als problematisch erkannt werden, sondern durch geschlechtstypische Zuweisungen als „normal" für Mädchen bzw. Jungen betrachtet werden. Bei der Analyse des Verhaltens der Mädchen und Jungen kann sich herausstellen, dass manche, zunächst unverständlichen Verhaltensweisen auch Umgangsversuche und Bewältigungsstrategien der Kinder mit denen ihnen zugemuteten Belastungen darstellen.[304] Wichtige Punkte um die Bewältigungsstrategien zu erkennen und für Mädchen und Jungen neue Handlungsvarianten und Erfahrungen zu ermöglichen, können hierfür die nachfolgenden drei Themenbereiche: der Umgang mit Konflikten und Aggressionen (6.6.1), der Umgang mit Naturwissenschaft und Technik (6.6.2) und der Umgang mit Körper und Raum (6.6.3) sein.

6.6.1 Umgang mit Konflikten/Aggressionen

Differenzen treten immer auf, wenn Menschen zusammenleben - auch im Kindergarten. Gerade in einer pluralen Gesellschaft, die dem/der Einzelnen immer mehr Möglichkeiten bietet, ist es wichtig, dass Unterschiede zwischen verschiedenen Menschen (wie z. B. Geschlecht, Ethnie) in unterschiedlichen

---

[304] vgl. Focks, P. (2002): a. a. O.: S.146.

Lebensformen anerkannt werden und Konfliktsituationen einvernehmlich ohne gegenseitige Ab- bzw. Aufwertungen und ohne Gewalt gelöst werden. [305] Die Selbstdefinition von Mädchen und Jungen ist zumeist geschlechtsdifferent. Vielfach definieren Jungen sich selbst (geschlechtlich) über die eigene Körperkraft und die hiermit verbundenen „Konfliktlösungsfähigkeiten". Auch viele Mädchen unterstützen dieses Selbstbild der Jungen. Mädchen hingegen gehen selbst mehrheitlich davon aus, dass sie „besser" als die Jungen sind, weil sie, häufiger als Jungen, Konflikte nicht körperlich austragen, sich also seltener schlagen. Hieraus beziehen oftmals die Mädchen ihr Selbstwertgefühl.[306]

Der Umgang mit Konflikten ist bei Mädchen und Jungen eine entscheidende Kategorie für ihre geschlechtliche (Selbst-)Definition. Nach Aussagen der Kinder selbst sind die Formen, wie Konflikte untereinander ausgetragen werden, durch geschlechtsspezifisch unterschiedliche Sozialisationserfahrungen geprägt. Das führt dazu, dass Jungen und Mädchen eine unterschiedliche Streitkultur entwickeln und Streit somit geschlechtsspezifisch unterschiedlich ausgetragen wird.[307] Im Folgenden soll es nicht darum gehen, wie Konflikte entstehen oder wie verhindert werden kann, dass sie entstehen, sondern darum, wie es gelingen kann, dass Mädchen und Jungen und Erzieherinnen und Erzieher konstruktiv im Kindergarten zusammenleben und dabei die entstehenden Konflikte gemeinsam lösen lernen können.

Van Dieken und Rohrmann haben bei einer Untersuchung darüber, was Mädchen und Jungen über Mädchen und Jungen denken, nicht nur herausgefunden, dass Mädchen und Jungen sich in Konflikten unterschiedlich verhalten, sondern auch, dass dieses unterschiedliche Verhalten für sie eine

[305] vgl. Focks, P. (2002): a. a. O.: S.157.

[306] vgl. V. Dieken, C.; Rohrmann, T. (2001): „Die Mädchen haben ja auch so viel Ärger im Kopf wie die Jungs", S.45-47, S.46, aus: KiTa Spezial (2/2001): Typisch Mädchen – typisch Junge?!

[307] vgl. Permien, H.; Frank, K. (1995): Schöne Mädchen –starke Jungen? Kapitel 6.: Konflikte im Hort – von Gleichberechtigung keine Spur S.74-93, S.74.

wichtige Rolle dabei spielt, wie sie grundsätzlich „männliches" bzw. „weibliches" Verhalten definieren. Ihr Verhältnis ist zwiegespalten: Auf der einen Seite „nervt" sowohl Mädchen als auch Jungen das „Gegeneinander" und auf der anderen Seite geht hiervon ein ganz besonderer Reiz aus. Die Abgrenzung vom anderen Geschlecht schafft Sicherheit für die eigene männliche bzw. weibliche Rolle.[308] Van Dieken und Rohrmann formulieren vor dem Hintergrund der im Projekt gewonnenen Erkenntnisse vier konkrete Ziele bzw. Verhaltensweisen der Erzieherinnen und Erzieher für den Kindergartenalltag. Diese können zur Verbesserung des Miteinanders beitragen und neue Wege im Umgang mit Konflikten aufzeigen. Hierbei behalten sie sowohl das Wohl von Mädchen, als auch von Jungen im Blick:[309]

1. Mut zum Streit!

Konflikte sind ein selbstverständlicher Teil des Zusammenlebens in der Gesellschaft von Menschen, sie lassen sich nicht immer umgehen. Konstruktive Konflikte sind nicht negativ, es ist wichtig zu lernen, sich zu streiten. Auch wenn manche Erzieherinnen/Erzieher und Mädchen/Jungen Probleme damit haben, Streit, Wut und Aggressionen zu erleben und diese lieber umgehen würden, ist es wichtig zu lernen, Streit konstruktiv auszutragen.

2. Konfliktlösungsstrategien der Mädchen und Jungen akzeptieren!

Zumeist sind Mädchen und Jungen in der Lage, ihre Konflikte selbstständig (aufgrund ihrer sozialen Kompetenzen) zu lösen. Sie entwickeln hierbei eigene Lösungsmöglichkeiten, für die sie ihre geschlechtsunabhängigen persönlichen Stärken gebrauchen. Den Erzieherinnen und Erziehern fällt es teilweise schwer, diese Lösungen zu akzeptieren. Oft unterschätzen sie auch die sozialen Kompetenzen der Mädchen und Jungen. Sie sind häufig zu sehr

---

[308] Van Dieken, C.; Rohrmann, T(2002): „Junge sein ist besser: Kannste alles machen...", was Mädchen und Jungen über Mädchen und Jungen denken: S.4-9, S.5/6 (Untersuchung bezieht sich auf Hortkinder).

[309] vgl. Van Dieken, C.; Rohrmann, T. (2001): „Die Mädchen haben ja auch so viel Ärger im Kopf wie die Jungs", S.45-47, S.46/47 in KiTa Spezial (2/2001).

auf Harmonie bedacht und erkennen so nicht, dass Harmonie entstehen kann, wenn Konflikte gemeinsam überwunden und Differenzen und Unterschiede bemerkt und anerkannt werden. Aufgrund ihres ‚konfliktfreien' Harmoniebildes fällt dies besonders Erzieherinnen oft schwer.[310]

3. Verhandeln lernen!

Um Konflikte konstruktiv zu lösen, brauchen Mädchen und Jungen zunächst die Unterstützung der Erzieherinnen und Erzieher. Dies ist besonders wichtig, wenn die Mädchen und Jungen aus unterschiedlichen Lebenswelten mit in diesen immanenten unterschiedlichen Konfliktkulturen kommen. Erzieherinnen und Erzieher können hier sowohl Vermittlerinnen und Vermittler als auch Vorbilder sein.

4. Klare Definition der Grenzsetzung!

Werden bestimmte Grenzen von Mädchen und Jungen wie z. B. bei Eskalationen, körperlichen Übergriffen, Demütigungen oder Ausgrenzungen einzelner Mädchen und/oder Jungen oder Gruppen überschritten, ist es Aufgabe der Erzieherinnen und Erzieher einzugreifen. Dies fällt Erwachsenen oft schwer, wird von Mädchen und Jungen aber deutlich gefordert.[311]

Für die Selbstdefinition als Mädchen bzw. Junge spielt das geschlechtsspezifisch unterschiedliche Konfliktverhalten eine große Rolle. Im Kindergarten haben Mädchen und Jungen die Möglichkeit, sich auszuprobieren und ihr Verhalten zu erproben. Durch gezielte Interventionen können Erzieherinnen und Erzieher dazu beitragen, das Verhaltensrepertoire der Mädchen und Jungen zu erweitern, was wiederum auch zu einer konstruktiveren Art der Konfliktlösung führen kann.

---

[310] vgl. Dittrich/Dörfler/Schneider 1998, S.72, zitiert in: Kasüschke, D. (2001):Didaktischer Baustein (7), S.33.
[311] vgl. Van Dieken, C.; Rohrmann, T. (2002) a. a. O.: S.9.

Praxisanregungen und Veränderungsansätze

Es gibt Möglichkeiten, um den Umgang mit Gefühlen wie Wut-wütend sein, Trauer–traurig sein, Freude-fröhlich sein, Aggressionen-aggressiv sein, in der Praxis aufzugreifen. Wichtig ist es für Mädchen und Jungen, dass sie nicht nur lernen über ihre Gefühle nachzudenken, sondern dass sie auch lernen, wie sie mit diesen umgehen, wie sie diese ausleben und somit erfahren und verarbeiten können.[312]

Sensibilisierungsübungen

Eine Möglichkeit, um dies zu lernen, sind Sensibilisierungsübungen. Mädchen und Jungen können so lernen, welche Gefühle es gibt, dass es ganz verschieden ist, wie in einer Situation empfunden wird und dass Menschen *geschlechtsunabhängig* Situationen unterschiedlich erleben. Hierdurch können Möglichkeiten entstehen, Jungen und Mädchen auch und gerade in den Gefühlen zu bestärken, die jenseits des „typischen Mädchens" bzw. des „typischen Jungen" liegen. In gemeinsamen Aktionen (wie z. B. hier einer Grundschulklasse, 4.Schuljahr, beim Spiel mit dem Fallschirm: siehe Bild) entsteht durch die gemeinsame, geteilte Erfahrung eine Verbindung zwischen den Mädchen und Jungen, die dieses Erlebnis teilen.[313]

---

[312] vgl. Seyffert, S. (2001): 5. Aufl.: Kleine Mädchen – Starke Mädchen, Kösel Verlag, München S. 53.
[313] vgl. Focks, P. (2002): a. a. O.: S.154.

Mädchen und Jungen lernen, dass sie ganz unterschiedlich oder auch ähnlich empfinden können und dass das Gefühlsempfinden nicht geschlechtsspezifisch, sondern individuell unterschiedlich bzw. individuell ähnlich sein kann. Weiterhin lernen sie, dass es schöne und weniger schöne Gefühle gibt und dass beides zum Leben dazugehört und alle Gefühle (bei ihnen selbst und bei den anderen Mädchen und Jungen) beachtet werden sollen. Im gemeinsamen Spiel kann dies geübt werden.

Ein weiteres Beispiel:

Mimik bzw. Gefühlswürfel[314]

Hierfür muss zuerst ein Würfel hergestellt werden, z. B. aus einem Holzrohling oder eine selbst-gefaltete Würfelabwicklung. Auf diesem können sechs verschiedene Gefühle, z. B. Ärger, Trauer, Freude, Glück, Angst und Staunen durch Gesichter mit dem jeweiligen Gefühlsausdruck dargestellt werden. Die Kinder setzen sich in einen Kreis und ein Kind beginnt zu würfeln. Eine Möglichkeit ist z. B., dass das Kind offen würfelt, sodass alle es sehen können und dann erzählt, wann es sich z. B. so selbst gefühlt hat. Eine andere Möglichkeit ist, dass das Kind verdeckt würfelt und den anderen Kindern versucht das Gefühl in einer Pantomime darzustellen. Alle Kinder sollen nun zunächst eine Vermutung äußern, um welches Gefühl es sich ihrer Meinung nach handelt. Wenn alle ihre Einschätzung abgegeben haben, wird der Würfel gezeigt und geschaut, welche Kinder ‚richtig' geraten haben. Danach ist das nächste Kind an der Reihe zu würfeln.

Eine meiner Meinung nach wirklich gute Sammlung von Spielen, Fantasiereisen und Rollenspielen für Mädchen *und* Jungen zu Themen wie: ‚Der eigene Körper', ‚Abbau von Wut und Aggressionen', ‚Dinge, die stärken und Mut machen', hat Sabine Seyffert in ihrem Buch „Kleine Mädchen - Starke Mädchen; Spiele und Phantasiereisen, die mutig und selbstbewusst machen", gesammelt. Hier befindet sich z. B. unter der Rubrik ‚Spielaktionen zum Ab-

---

[314] vgl. Seyffert, S. (2001): a. a. O.: S.54.

bau von Aggressionen' das Spiel ‚Außer Rand und Band'.

Das Spiel ist geeignet für Mädchen und Jungen ab 4 Jahren. Benötigt wird hierfür außer einem Turn- bzw. Mehrzweckraum ein großer Stapel alter Zeitungen, Zeitschriften und Kataloge (bei den Zeitschriften aufpassen, denn diese sind zumeist geheftet und die Kinder könnten sich an den Nadeln verletzen. Deshalb lieber nur geklebte Exemplare verwenden). Auf ein Startsignal beginnt der „run" auf die Zeitungen als das Material zum Frust ablassen, Kräfte ausprobieren und angestaute Gefühle herauslassen. Es besteht auch die Möglichkeit, einen bestimmten Ort im Gruppenraum für einige Zeit in eine „Wutecke" zu verwandeln: Die Kinder erhalten neue Anreize und können so „offiziell" ihren ‚negativen' Gefühlen Luft verschaffen und diese ausleben und verarbeiten.[315]

6.6.2 Umgang mit Naturwissenschaft und Technik

Erzieherinnen und Erzieher haben zumeist nicht einen pädagogischen Beruf ergriffen, weil sie in ihrer Schulzeit ein starkes Interesse an Naturwissenschaften und Technik hatten. Dieses Interesse wird in der Ausbildung der Erzieherinnen und Erzieher auch nicht besonders gefördert, weshalb der Schwerpunkt in der Kindergartenarbeit zumeist eher im kreativen und künstlerischen als im mathematisch-naturwissenschaftlichen Bereich liegt.[316] Aber auch Eltern fördern ihre Kinder geschlechtsspezifisch unterschiedlich stark im naturwissenschaftlich-technischen Bereich: Jungen eher etwas mehr, Mädchen eher etwas weniger.

Der Kindergarten könnte hier ausgleichend wirken, tut dies zumeist jedoch nicht. Donata Elschenbroich beschreibt den Kindergarten als idealen Bildungsraum für Mädchen und Jungen, in dem diese schichtunabhängig ohne „Notendruck" gefördert werden und so selbst Wissen erlangen können.

---

[315] vgl. Seyffert, S. (2001): a. a. O.: S.28.
[316] vgl. Focks, P. (2002): a. a. O.: S.159; und Kasüschke; D. (2001): 10/2001, S.35.

Der Kindergartenalltag bietet immer wieder pädagogisch unstrukturierte Zeiten für Irrtümer und Wiederholungen. „Anderssein" (z. B. Mädchen und Jungen mit Behinderung oder Mädchen und Jungen aus einem anderen Land, die eine andere Sprache sprechen) ist für Kinder, wenn sie früh genug damit in Kontakt kommen, (noch) kein Problem. Ebenso können im Kindergarten in „Projekten" von Kindern Erfahrungen (auch im naturwissenschaftlichen Bereich) selbst gemacht werden, die immer auch Lernsituationen darstellen. „Chemie, Mathematik, Physik in der Küche: das Hebelgesetz beim Nüsseknacken, elementare Mengenlehre beim Salzen."[317]

Naturwissenschaftliches Wissen kann oftmals auch im alltäglichen Miteinander gelernt und erprobt werden. Kindergärten bieten Mädchen und Jungen viele Bildungsmöglichkeiten, situationsbezogen im Alltag zu lernen. Dies betrifft auch das Verhältnis von Mädchen und Jungen. Die städtische Kindertageseinrichtung Nikolaus-Lenau-Platz nahm in Sindelfingen am Projekt: Gender Mainstreaming – ein Thema für die Kindertagesstätte?! teil und setzte den Schwerpunkt auf die Bearbeitung von Themen aus dem Bereich Naturwissenschaft und Technik (unter Gender Mainstreaming Gesichtspunkten).[318] Im Teamgespräch entstand nach anfänglich komplexeren Themenvorstellung (z.B.: Magnetismus oder Elektrizität) die Überlegung, die Kinder „dort abzuholen, wo sie stehen", also *vor* den wissenschaftlichen Erkenntnissen des Magnetismus und der Elektrizität.

Entschieden haben sich die Erzieherinnen für drei elementare Erkenntnisbereiche aus der Mathematik: Akustik, Messen und Zeit. Auch hier wurden zunächst Räume umgestaltet und es entstand hierdurch eine Experimentierecke, die (alle) Dinge des Kindergartens enthielt, mit denen die Mädchen und

---

[317] Elschenbroich, D. (2001): Weltwissen der Siebenjährigen; Doris Kunstmann Verlag, München, S.49.
[318] vgl. hierzu: Gender Mainstreaming - ein Thema für die Kindertagesstätte?! (2005): Teilprojekt: Naturwissenschaft und Technik für Jungen und Mädchen; S.18-25, hier können wieder nur kurze Ausschnitte genannt werden, es lohnt sich den Projektbericht zu lesen, um Anregungen für die eigene Praxis zu bekommen.

Jungen mathematische Erfahrungen sammeln konnten (z.B.: Knöpfe in unterschiedlichen Größen und Farben, Muggelsteine, Federn, Steine, Fell, usw.). Nach einer kurzen Vorstellung der Experimentierecke, war es dann wieder Aufgabe der Erzieherinnen, die Mädchen und Jungen zu beobachten und die Benutzung der Experimentierecke geschlechtsspezifisch zu dokumentieren. Das, die Erzieherinnen verblüffende Ergebnis war, dass alle Jungen und Mädchen geschlechtsunabhängig die Ecke gleichermaßen interessiert nutz(t)en und hier experimentier(t)en, ausprobier(t)en und überleg(t)en.

Die Erzieherinnen setzten sich selbst mit dem Thema intensiv im Team auseinander und fanden so kindgerechte Methoden, um den Mädchen und Jungen z. B. die Weiterleitung von Tönen (Schallwellen) mittels eines Versuchs mit Murmeln zu erklären.[319] Hierfür wurden mehrere Murmeln in eine Reihe gelegt und die erste angestoßen. Diese gab die Bewegung an die nächste weiter und so fort, sodass sich die letzte Murmel ein Stück nach vorne bewegte. Das Prinzip begeisterte die Kinder vor allem auch in der eigenen körperlichen Umsetzung: Die Jungen und Mädchen bildeten selbst eine ‚Molekül'kette, in der die/der Letzte vorsichtig ihre/seine Vorderfrau/Vordermann anstieß und so weiter, bis das erste Kind in der Reihe sich ein Stück bewegt hatte.

Zum Abschluss wurden Instrumente gebaut, die beim Karnevalfeiern zum Einsatz kamen. Es wurde hier nahtlos ins nächste Thema ‚Messen', dem dann noch das Thema ‚Zeit' folgte, übergeleitet.

Es reicht meiner Meinung nach nicht aus, die Mädchen und Jungen da abzuholen, wo sie stehen, da hierdurch allzu oft rollenkonformes Verhalten unterstützt wird. Wichtig ist, dass sich die Erzieherinnen und Erzieher darüber hinaus an „neue", ihnen selbst eher ferne Themen, heranwagen und diese

---

[319] vgl. hierzu: Gender Mainstreaming - ein Thema für die Kindertagesstätte?! a. a. O.: S.20.

ausprobieren. Damit handwerkliche und technische Aktivitäten fester Bestandteil der Kindergartenarbeit werden können, müssen die Erzieherinnen (und Erzieher) ihre Scheu verlieren und selbst neugierig auf (auch für sie oftmals) Neues zugehen und diese ausprobieren und trainieren. Wir (drei Jungen, zwei Mädchen und ich) haben zum Beispiel im Kindergarten in Bad Oldesloe, in dem ich gearbeitet habe, einmal einen ganzen Vormittag damit zugebracht, einen alten Wecker auseinanderzuschrauben und zu versuchen, diesen zu reparieren. Mit unterschiedlichen Feinmechanikerwerkzeugen haben wir mit feinen Schraubendrehern Schrauben gelöst und auch wieder angezogen. Die Reparatur ist uns leider nicht gelungen, aber die Mechanik des Weckers (der Glocke) haben wir so verstanden und es war einfach spannend zu sehen, wie viele kleine Einzelteile und Schrauben ein Wecker enthält.

6.6.3 Umgang mit Körper und Raum

Kindergartenkinder verfügen schon zu Beginn ihrer Kindergartenzeit über eine Menge Wissen über ihren eigenen Körper: Mädchen und Jungen. Allerdings gerät der eigene Körper im Alltag voller Stress und Hektik schnell in Vergessenheit, denn um in unserer ,Leistungsgesellschaft' mitzuhalten, sollen selbst die Jüngsten ,arbeiten' bzw. ,spielerisch lernen'.

Der Umgang mit dem eigenen Körper ist oftmals ein gemeinsames Merkmal der Menschen einer gesellschaftlichen sozialen Gruppe. Der Körper ist das zentrale Mittel der weiblichen bzw. männlichen Selbstdarstellung. Es handelt sich beim Umgang mit dem eigenen Körper um ein, in einer bestimmten Gruppe und Kultur erworbenes und nicht durch biologische bzw. genetische Faktoren bedingtes Verhalten. Männer und Frauen bzw. Jungen und Mädchen stellen sich vielfach geschlechtsspezifisch unterschiedlich dar.

Der eher weibliche Selbstdarstellungsstil, auch als „typischer Mädchenstil" [320]

---

[320] vgl. Lorber 1999, S.88, zit. in: Focks, P. (2002): a. a. O.: S.162.

bezeichnet, ist hierbei gekennzeichnet durch raumsparende, vorsichtige, gehemmte Bewegungen. Er ist mehr auf einen bestimmten Körperteil zentriert und auf den Schutz vor Blessuren ausgelegt. Demgegenüber zeichnet sich das als eher männlicher Selbstdarstellungsstil bezeichnete Verhalten durch das Ausprobieren der körperlichen Möglichkeiten zumeist im Vergleich zu anderen aus. Hierbei kommt es häufiger zu Verletzungen, da körperliche Stärke in der Gruppe immer wieder bewiesen werden muss.

Deshalb ist es wichtig, dass Erzieherinnen und Erzieher Jungen und Mädchen im Kindergartenalltag vermitteln, dass sie dazugehören, geliebt und verstanden werden, um ihrer selbst Willen und nicht aufgrund ihrer „Leistung" bzw. ihrer Geschlechtszugehörigkeit.[321] Da Jungen Körperkontakt häufig durch „Kräftemessen" und „Rangeleien" suchen, ist es wichtig, auch andere Möglichkeiten des Körperkontakts aufzuzeigen. Erzieherinnen und Erzieher haben im Kindergarten die Möglichkeit, die geschlechtstypischen Körperpraxen der Mädchen und Jungen kritisch zu begleiten und Mädchen und Jungen in Bewegungsbereichen bzw. Bereichen der Körpererfahrung zu unterstützen, die diese von sich aus eher vernachlässigen würden.

Unter diesen Gesichtspunkten kann geschlechtergerechte Pädagogik im Kindergarten Vorbeugung vor problematischem Verhalten und gleichzeitig auch Gesundheitsförderung sein. Im Vordergrund sollte die Vermittlung von Freude an der eigenen Bewegung und am Umgang mit dem eigenen Körper stehen.

Manche Übungen hierzu sind sinnvoller in „reinen" Jungen- und „reinen" Mädchengruppen durchzuführen, andere Angebote bieten sich auch für koedukative Gruppen an. Fantasiereisen z. B. bieten Mädchen und Jungen die Möglichkeit zu entspannen. Sie selbst können in diesen Geschichten die Heldinnen und Helden sein, die schwierige, abenteuerliche Situationen lösen. Die Durchführung von Fantasiereireisen müssen von den Erzieherinnen und

---

[321] vgl. Haug-Schnabel 1997, S.85, zit. in: Focks, P. (2002): S.162.

Erziehern gut vorbereitet sein: Sie sollten die Geschichte selbst am besten möglichst frei vortragen. Dafür müssen sie diese gut kennen und selbst Ruhe ausstrahlen, da sie eine Vorbildfunktion für die Kinder übernehmen. Der Raum sollte eine angenehme Atmosphäre bieten, wobei Decken, Matten bzw. Matratzen helfen können. Die „Reise" wird immer zuerst eingeleitet und am Ende auch zurückgeführt.[322]

6.7 Öffentlichkeitsarbeit und Gemeinwesenorientierung

Der Anspruch, Mädchen und Jungen im Kindergarten gleichberechtigt Chancen zu ermöglichen, kann auch ein Punkt sein, der in der Öffentlichkeitsarbeit des Kindergartens angesprochen wird. Eine qualitativ hochwertige Öffentlichkeitsarbeit kann verstanden werden als eine planmäßig, strukturiert und professionell hergestellte Öffentlichkeit, die es dem Kindergarten ermöglicht, durch genaue, verständliche Fakten und Tatsachen über die eigene Arbeit zu informieren.

Hierdurch soll erreicht werden, dass Aufgaben und Ansprüche klar ersichtlich werden und eine positive Aufmerksamkeit für die Belange des Kindergartens erzeugt wird. Durch eine bewusste Öffentlichkeitsarbeit kann das Ansehen der Einrichtung erhöht werden, wodurch auch ein Vertrauen zur Öffentlich-

---

[322] vgl. hierzu Seyffert, S.(2001): 5.Aufl.: a. a. O.: S.65-88; Phantasiereisen, die Mut machen. Skeptikerinnen und Skeptikern kann folgendes Beispiel zeigen, welche Möglichkeiten in der bloßen Vorstellungskraft liegen und wie durch pure Vorstellungskraft Empfindungen im Körper hervorgerufen werden können. (Wenn Sie allerdings tatsächlich die Augen schließen, können Sie nicht weiterlesen, was das Experiment stark beeinträchtigen würde.) Also: „Schließen Sie nun einmal Ihre Augen und stellen Sie sich vor, dass Sie eine Zitrone in den Händen halten ... Eine knallgelbe, knackig frische Zitrone ... Sie spüren die Form dieser gelben Zitrone in ihren Händen und können mit Ihren Fingern die Struktur der Schale fühlen ... Nun nehmen Sie ein Messer und schneiden damit die saftige, leuchtend gelbe Zitrone in der Mitte durch ... Der Saft der Zitrone läuft an Ihren Fingern entlang ... Sie riechen den frischen Duft der Zitrone und bewundern das saftige, gelbe Fruchtfleisch, das einfach toll aussieht und wirklich äußerst erfrischend riecht ... Nun nehmen Sie die Zitronenhälfte hoch und lecken mit Ihrer Zunge den Zitronensaft von der Frucht ... Richtig gut können Sie den Zitronensaft auf Ihrer Zunge und im Mund spüren...." (Seyffert, S.: S.68).

keit aufgebaut und gepflegt werden kann.[323] Nach Krenz hat Öffentlichkeitsarbeit im Kindergarten vor allem drei Aufgaben:[324]

• Öffentlichkeitsarbeit soll die „Arbeit" (Aufgaben und pädagogische und
andere Ansprüche) des/im Kindergarten(s) sichtbar (transparent)
machen.

Der mangelnde Stellenwert der Kindergartenarbeit im öffentlichen Bereich und die mangelnde Anerkennung der Arbeit der Erzieherinnen
und Erzieher zeigen sich in vielen Punkten. So beklagen nach Krenz Erzieherinnen und Erzieher, dass Kindergärten als „Bastelstuben" betrachtet werden und Erzieherinnen von den Eltern und Großeltern z. B.
vielfach immer noch als „Tanten" bezeichnet werden. Politik und Presse
tragen hierzu ihr Übriges bei, wenn z. B. politische Mandatsträgerinnen
und Mandatsträger Erzieherinnen und Erzieher als Kindergärtnerinnen
und Kindergärtner bezeichnen, was vielfach als Abwertung empfunden
wird. Der Kindergarten hat des Weiteren einen eigenständigen
Erziehungs-, Bildungs- und Betreuungsauftrag und ist nicht, wie von
vielen Eltern oftmals angenommen wird, dem Bildungssystem Schule
untergeordnet, sondern hiervon unabhängig. Durch Öffentlichkeitsarbeit sollen die Besonderheiten der Arbeit des jeweiligen Kindergartens verdeutlicht werden, sodass die Aufgaben und Ansprüche für
möglichst viele Menschen im Umfeld des Kindergartens und darüber
hinaus in der jeweiligen Gemeinde erkennbar sind. Die gleichmäßige
Berücksichtigung von geschlechtsspezifischen und geschlechtsdifferen-
ten Interessen bei allen Belangen der Mädchen und Jungen im Kindergarten kann ein Punkt sein, der im Sinne von Gender Mainstreaming in
der Öffentlichkeitsarbeit herausgestellt wird.

• Durch eine differenzierte Öffentlichkeitsarbeit kann das öffentliche An-

---

[323] vgl. hierzu Def. Krenz, A.: (1997): Handbuch Öffentlichkeitsarbeit, S.30.
[324] vgl. Krenz, A. (1997): a. a. O.: S.35.

sehen der Institution steigen, was wiederum auch ein positives Bild des jeweiligen Trägers vermitteln kann.

- Eine effektive Öffentlichkeitsarbeit setzt voraus, dass diese kontinuierlich erfolgt, weshalb es darum geht, ein Vertrauensverhältnis zur Presse aufzubauen und die bestehenden Kontakte zu pflegen, da die Kontinuität der Berichterstattung ein wichtiger Punkt ist, um in der Öffentlichkeit wahrgenommen zu werden.

Da es keine geschlechtsneutrale Wirklichkeit gibt, bedeutet Gender Mainstreaming, dass bei allen gesellschaftlichen Vorhaben, zu denen alle Leistungen des Kindergartens gehören, auch in der Öffentlichkeitsarbeit des Kindergartens die Gleichstellung von Mädchen und Jungen bzw. Männern und Frauen als Leitprinzip (als allen anderen Zielen übergeordnetes Ziel) schon vor Beginn der Maßnahmen zu berücksichtigen ist.[325]

Unter Gender Mainstreaming Aspekten müsste im Kindergarten für die Öffentlichkeitsarbeit zusätzlich folgende Fragen berücksichtigt werden:[326]

- Wird in den Print- und evtl. vorhandenen Online-Medien des Kindergartens zwischen Mädchen und Jungen, Erzieherinnen und Erziehern differenziert?

Dies ist wichtig, damit evtl. vorhandene Unterschiede in den Lebenswirklichkeiten der Mädchen und Jungen, ihrer Familien und der Erzieherinnen und Erzieher überhaupt erfasst werden können.

Frauen und Männer / Mädchen und Jungen leben aus verschiedenen

---

[325] vgl. Checkliste: Gender Mainstreaming bei Maßnahmen der Presse- und Öffentlichkeitsarbeit, S.1-6, S.6.
[326] vgl.: Gender Mainstreaming – Die Gestaltung von Öffentlichkeitsarbeit, S.1-2, http://www.gender-mainstreaming.net/bmfsfj/generator/gm/Wissensnetz/instrument e-und-arbeitshilfen,did=16716.html; eingesehen am 06.08.07.

Gründen wie z. B. ihrer Herkunft, ihres kulturellen Hintergrundes, ihres Alters, ihrer körperlichen Behinderung/Befähigung oder ihrer sexuellen Orientierung in ganz unterschiedlichen Lebensverhältnissen und sozialen Bezügen. Diese werden sowohl durch ihre Geschlechtszugehörigkeit, als auch durch andere Dimensionen bestimmt.[327]

- Werden Daten in Statistiken auch geschlechtsspezifisch, geschlechtsdifferent erfasst, um zu genauen und differenzierten Aussagen gelangen zu können?

- Wird darauf geachtet, dass Geschlechterdifferenzen nicht „verzerrt" in Form von Geschlechtsstereotypen oder, mit Werturteilen bzw. Vorurteilen verknüpft, dargestellt werden?

- Wird auch innerhalb der gleichgeschlechtlichen Gruppe differenziert, damit die Aussagen möglichst genau sind?

Um Gender Mainstreaming im Kindergarten zu implementieren, muss sowohl ‚top-down', als auch ‚bottom-up' hieran gearbeitet werden: Die Aufnahme von Gender Mainstreaming als Leitprinzip in der Kindergartenarbeit kann in der Konzeption des Kindergartens festgelegt werden.

Eine Konzeption kann ein gedanklicher Entwurf, die klar umrissene Grundvorstellung, das Leitprogramm eines Kindergartens sein. Erzieherinnen, Erzieher und teilweise auch die Trägerinnen und Träger bemühen sich zumeist seit Jahren, Konzeptionen für „ihren Kindergarten" bzw. „ihre Einrichtungen" zu erstellen.

Es handelt sich um Leitlinien, die sich nicht ausschließlich auf die pädagogische Arbeit, sondern auch auf die Organisationsgestaltung und die Rechtfertigung gerade dieses bestimmten Angebotes im Gesamtangebote der Kirchengemeinde, bzw. des Ortes, für die hier lebenden Familien, Betriebe, anderen öffentlichen Einrichtungen und Jungen und Mädchen bezieht.

---

[327] vgl.: Gender Mainstreaming – Die Gestaltung von Öffentlichkeitsarbeit, S.1-2 a. a. O.: S.2.

Hedi Colberg-Schrader und Marianne Krug entwickelten Bausteine, die Erzieherinnen und Erziehern bei der Konzeptionsentwicklung als Anhaltspunkte dienen können. Hannelore Faulstich-Wieland hat, hieran angelehnt, zusätzliche Fragen, die unter Gender Mainstreaming Aspekten bedacht werden sollten, vorgelegt. Diese Ergänzungen können Erzieherinnen und Erzieher darin unterstützen, Hinweise und Ideen für Veränderungsmöglichkeiten im Sinne von Gender Mainstreaming für den „eigenen" Kindergarten zu erarbeiten:[328]

Zur Geschichte des Kindergartens:

- Wann wurde der Kindergarten gegründet? Warum/Anlass? Haben sich Frauen und/oder Männer um die Einrichtung des Kindergartens bemüht?

- Pädagogische Arbeitsweise des Kindergartens? Was ist an diesem Kindergarten besonders? Gab es bemerkenswerte besondere Ereignisse in der Vergangenheit? Hat in dem Kindergarten schon einmal eine Auseinandersetzung mit Geschlechterfragen stattgefunden?[329]

Trägerschaft:

- Auswirkungen der Trägerschaft auf die pädagogische Arbeit? Welche Wertvorstellungen hat die Trägerin/der Träger?

- Hat die Trägerin/der Träger Stellung bezogen zum politischen Prinzip des Gender Mainstreaming? Was bedeutet das für den Kindergarten?

---

[328] vgl.: Faulstich-Wieland, H. (2001): Gender Mainstreaming im Bereich der Kindertagesstätten, S. 121-132, S.128-130 hier in Ausschnitten und Colberg-Schrader, H.; Krug, M. (1999): Arbeitsfeld Kindergarten, Eine Konzeption für unsere Einrichtung, S.108-110 u. 112-113: eine Auswahl.

[329] z. B. haben in einigen Einrichtungen im Umfeld (von Porta Westfalica) im letzten Jahr aus aktuellem Anlass (Missbrauchsfälle in der Presse) Elternabende zum Thema `sexueller Missbrauch von Mädchen und Jungen´ stattgefunden, die von Expertinnen und Experten geleitet wurden (z.B.: Mitarbeiterinnen und Mitarbeiter von „Wildwasser" und „Mannigfaltig").

Gibt es z. B. Gender Mainstreaming Arbeitshilfen? Sind diese für den Bereich des Kindergartens verwendbar?[330] Auswirkungen der Trägerschaft auf die zu fördernden Mädchenbilder und Jungenbilder? Gibt es bestimmte Wertvorstellungen die (evtl. aufgrund der Trägerschaft) vermittelt werden sollen? Ist hiernach ein gleichberechtigtes Miteinander der Geschlechter möglich? Muss es hier evtl. zu Veränderungen kommen?

Der Kindergarten und dessen Umfeld:

- Einzugsgebiet, evtl. Besonderheiten, Lebensumfeld der Mädchen und Jungen: evtl. geschlechtsspezifische Unterschiede?

- Arbeitssituation der Mütter, Väter, anderen Erziehungsberechtigten?

- Soziale Netze der Mädchen und Jungen? Sind evtl. hauptsächlich Frauen ihre Ansprechpartnerinnen?

- Nutzung der öffentlichen Spielflächen und Angebote: für Mädchen und Jungen eher gleichberechtigt oder eher das eine oder andere Geschlecht bevorzugend?: Bietet z. B. der Sportverein nicht nur den von Jungen bevorzugten Fußball an, sondern auch das eher von Mädchen bevorzugte Kindertanzen bzw. Jazzdance?

Organisationsstruktur des Kindergartens:

- Gruppenzahl, Gruppengröße, Alter der betreuten Mädchen und Jungen, Geschlechtsverteilung? Werden evtl. gemachte Angebote geschlechtsunabhängig, oder geschlechtsdifferent genutzt?

---

[330] Für die Jugendarbeit existiert z. B. von der AWO eine eigene Veröffentlichung: Gender Mainstreaming; AWO -Qualität in Jugendsozialarbeit und Beschäftigungsförderung; Arbeitshilfe zur Umsetzung in der Praxis: Zu beziehen über die AWO als Download. Arbeitshilfen der Träger zu Gender Mainstreaming im Kindergarten habe ich bei meiner Recherche nicht gefunden. Es gab (gibt) ein Projekt zu Gender Mainstreaming im Kindergarten im Kirchenkreis Recklinghausen. Zuständig ist hier Frau Petra Masuch-Thies. Bislang liegt jedoch noch keine schriftliche Dokumentation des Projektes vor. Des Weiteren (gab) gibt es noch das erwähnte Projekt der Stadt Sindelfingen.

- Öffnungszeiten? Ermöglichen diese eine Berufstätigkeit von Müttern und Vätern?

- Welche Angebote macht der Kindergarten und wie werden diese von Mädchen und Jungen genutzt? Unterschiede? Gemeinsamkeiten?

Sozialpädagogische Ziele des Kindergartens und wie diese verwirklicht/erreicht werden können/sollen:

- Was will der Kindergarten/ was wollen die Erzieherinnen und Erzieher mit den Mädchen/mit den Jungen erreichen? Warum? Ist es für beide Geschlechter gleich oder unterschiedlich?

- Welche Zielsetzung verfolgt der Kindergarten, (u.a. auch bezogen auf das Verhältnis der Geschlechter) wie kann dies den Eltern transparent gemacht werden? Wie können Kindergarten und Eltern zum Wohl der Mädchen und Jungen zusammenarbeiten und ins Gespräch kommen über Erziehungsfragen, gerade auch im Hinblick auf das Geschlecht der Kinder?

Räume und Raumnutzungsverhalten der Mädchen und Jungen:

- Welches Raumangebot steht den Mädchen und Jungen zur Verfügung? Wie wird es genutzt? Geschlechtsspezifische Unterschiede?[331]

Leben und Lernen im Kindergarten:

- Entwicklungsvorstellungen der Erzieherinnen und Erzieher von Mädchen/von Jungen?

- Entwicklungsvorstellungen der Eltern/und anderen Erziehenden von Mädchen/von Jungen?

---

[331] evtl. geschlechtsspezifische Unterschiede: vgl. hierzu auch: 6.3 in dieser Arbeit: Beobachtung und Veränderung des Alltags: Geschlechtergerechter Umgang mit der Raumgestaltung, S. 86 ff.

- Feste Prinzipien in der Gestaltung des alltäglichen Miteinanders: Gibt es besondere Angebote für Mädchen bzw. für Jungen? Aufgabenverteilung? Gewinnung von Personen von außen; eher geschlechtstypisch oder auch einmal ehr untypisch (z. B.: bewusst eine Polizistin/eine Hubschrauber- bzw. Automechanikerin bzw. einen Krankenpfleger/Sekretär einladen)?

- Gezielte Förderung von Mädchen in eher jungentypischen und von Jungen in eher mädchentypischen Bereichen; Gestaltung der pädagogischen Angebote? [332]

- Werden Jungen und Mädchen, so weit möglich, in gleichen Anteilen aufgenommen und auch geschlechtsgemischt auf die Gruppen verteilt? Wird darauf geachtet, auch gerade Kinder von Müttern aufzunehmen, die so die Möglichkeit haben, wieder berufstätig zu werden? Wird vom Kindergarten nach Möglichkeiten gesucht, auch Väter gezielt mit in die Betreuung und Versorgung der Kinder einzubinden? Wird z.B. die Beteiligung auch von berufstätigen Müttern und Vätern in der Arbeit des Elternbeirats dadurch ermöglicht, dass diese Sitzungen nicht nachmittags, sondern abends stattfinden?

Dokumentation:

- Werden im Rahmen der Bildungsdokumentation Informationen darüber zusammengetragen, ob und wie Mädchen/Jungen bewusst oder unbewusst im Kindergarten unterschiedlich behandelt werden? Werden Informationen und Beobachtungen zum Verhältnis der Geschlechter untereinander dokumentiert? Welche Auswirkungen hat dies auf das „Zusammenleben" in der Einrichtung?

---

[332] vgl. hierzu noch einmal auch das Beispiel zur Veränderung des Raumkonzepts mit der Zusammenlegung von eher mädchen- und eher jungentypischen Spielbereichen, in dieser Arbeit ab S.88-90.

Zusammenarbeit mit Eltern:

- Gibt es eine Elternarbeit im Kindergarten, in die Mütter und Väter eingebunden sind? Wird gezielt darauf geachtet, dass auch berufstätige Mütter und Väter an dieser Elternarbeit aktiv teilnehmen können? Sind in den Elterninformationen auch spezielle Informationen zu Geschlechterfragen enthalten?

Mitarbeiterinnen und Mitarbeiter des Kindergartens:

- Welche Personen arbeiten im Kindergarten? Mit welchen Personen arbeitet der Kindergarten zusammen? Welches Geschlecht haben diese? Wie sind die Aufgaben im Team verteilt? Wenn im Kindergarten nur Erzieherinnen beschäftigt sind: Wird versucht, den Kindern auch männliche Ansprechpartner, z. B. durch Kontakte zu einem Sportverein zu ermöglichen? Wird von den Erzieherinnen und Erziehern auch untereinander bewusst geschlechtsuntypisches Verhalten gefördert?

Nachwort:

- Der Stellenwert des in der Konzeption Vereinbarten für die tägliche Arbeit?

- Wird regelmäßig die Aktualität der Konzeption überprüft (auch im Hinblick auf die ständig erfolgenden gesetzlichen Veränderungen?)

- Gibt es Vereinbarungen darüber, in welcher Weise das Geschlechterverhältnis betreffende Fragen überprüft werden? Zeitlicher Rahmen für Überprüfungen und Kontrollen?

Letztendlich handelt es sich hierbei jedoch nur um Vorschläge, die immer an die jeweiligen örtlichen Gegebenheiten in dem speziellen Kindergarten individuell angepasst werden müssen.

Wenn die Konzeption handlungsleitend für den Kindergarten ist, kann durch die Aufnahme geschlechtsrelevanter Daten erreicht werden, dass durch die

Auswertung dieser Daten neue Erkenntnisse für ein geschlechtergerechtes Miteinander im Kindergarten gesammelt werden. Hierdurch kann es gelingen, Veränderungen im Sinne zu mehr Geschlechtergerechtigkeit im Kindergarten zu initiieren.

7. Resümee

Gender Mainstreaming bedeutet, dass alle gesellschaftlichen Vorhaben so gestaltet sein müssen, dass hierdurch die unterschiedlichen Lebenssituationen
und Interessen von Mädchen und Jungen, Frauen und Männern von Anfang
an und fortlaufend berücksichtigt werden, da es keine geschlechtsneutrale
Wirklichkeit gibt.[333]

Dies betrifft auch den Kindergarten als Institution und Teil des gesellschaftlichen Verhältnisses, der im Hinblick auf den Prozess des Aufwachsens und
die Integration der nachwachsenden Generation wesentliche Aufgaben übernimmt und eine immer größere Rolle im Leben von Mädchen und Jungen,
zurzeit im Alter von drei bis sechs Jahren, spielt. Aufgrund der Tatsache, dass
im Kindergarten nachhaltige Bildung und Erziehung betrieben werden, die
Auswirkungen auf folgende Generationen haben werden, ist gerade hier
Gender Mainstreaming eine, meiner Meinung nach auch gesamtgesellschaft-
lich vorrangige Aufgabe.

Obwohl für Ministerien und Verwaltungen Konzepte zur Durchführung und
Implementierung von Gender Mainstreaming vorliegen, sind diese nicht ohne
weiteres auf den Bereich des Kindergartens übertragbar, da es sich bei einem
Kindergarten nicht in gleicher Weise um eine hierarchisch durchstrukturierte
Organisation, wie z. B. eine Verwaltung und ein Ministerium, handelt.

Gender Mainstreaming im Kindergarten besteht in der (Re)Organisation,
Verbesserung, Entwicklung und Evaluation von allen wichtigen Entscheidungsprozessen mit dem Ziel, dass die an den Entscheidungen beteiligten Akteurinnen und Akteure den Blickwinkel der Gleichstellung
zwischen Frauen und Männern/Mädchen und Jungen in allen Bereichen des
Kindergartenalltags einnehmen. Dies gilt für alle Entscheidungs- und Hand-

---

[333] vgl. hierzu: BMFSFJ (o.J.): Definition Gender Mainstreaming, Gender Mainstreaming
net., eingesehen zuletzt am 24.08.07.

lungsebenen, für die pädagogischen Konzeptionen, in allen Prozessstadien durch alle am Kindergarten beteiligten Akteure und Akteurinnen (Politikerinnen/Politiker, ausbildende Lehrerinnen/Lehrer, Trägerinnen/Träger, Sachbearbeiterinnen/Sachbearbeiter, Verwaltungsfachangestellte, Erzieherinnen/Erzieher und anderes pädagogisches Personal).[334]

Im Gegensatz zu Verwaltungen und Ministerien sind die Strukturen im Kindergarten vielfältiger und unübersichtlicher, sodass hier ein Top-Down-Ansatz nicht zu einer systematischen einheitlichen Steuerung führt.[335]

Gerade deswegen ist es unbedingt notwendig, dass der Gender Mainstreaming Prozess, der nach Rabe-Kleberg, die „Dreieinheit" Wissen, Handeln und Kontrolle enthält, in den Alltag des Kindergartens eingebaut wird.

Problematisch ist, dass jedes Bundesland eigene Gesetze für Kindergärten erlassen hat und es insofern keine bundeseinheitliche Regelung gibt. Die Regelungen der Bundesländer orientieren sich zwar am Kinder- und Jugendhilfegesetz (KJHG), enthalten aber nicht den § 9, Abs. 3, SGB VIII.[336] Ein erster wichtiger Schritt wäre es also, diese „Gleichberechtigungsklausel" oder ähnliche Vorschriften auch in den Länderkindergartengesetzen festzuschreiben.

Damit ein gleichstellungspolitischer Prozess gelingen kann, muss jedoch nicht nur die Führungsebene, sondern alle am Prozess beteiligten Entscheidungsebenen und Personen in der jeweiligen Organisation (in diesem Fall im Kindergarten) für Geschlechterfragen sensibilisiert werden. Im Bezug auf Genderwissen besteht hier im Kindergarten nach meinen Erkenntnissen noch

---

[334] vgl. Kapitel 5 in dieser Arbeit und Sachverständigenbericht des Europarats von 1998 u.a. zitiert in: Deutscher Bundestag (Hrsg.)(2002): Schlussbericht der Enquete-Kommission; Globalisierung der Weltwirtschaft; Leske u. Budrich; Opladen, S.309-323, S.319.

[335] vgl. hierzu: Rabe-Kleberg, U. (2003): Gender Mainstreaming und Kindergarten, S. 95.

[336] zur Erinnerung: § 9, Abs. 3, SGB VIII: besagt, dass in der Erziehung daraufhin zu wirken ist, dass „die unterschiedlichen Lebenslagen von Mädchen und Jungen zu berücksichtigen, Benachteiligungen abzubauen und die Gleichberechtigung von Mädchen und Jungen zu fördern" ist.

Nachholbedarf. Es geht also zunächst darum, Genderwissen im Bereich des Kindergartens zu generieren. Hierfür müssen die für die praktische Umsetzung zuständigen Akteurinnen und Akteure, nämlich zunächst die Erzieherinnen und Erzieher für Genderfragen qualifiziert und sensibilisiert werden. Dies kann z. B. Top-Down, wie im Sindelfinger Projekt über eine zunächst erfolgende Qualifizierung der Kindergartenleiterinnen gelingen.

Es muss jedoch auch im Kindergarten selbst zu einem Diskurs zum Thema Geschlecht kommen. Gelingen kann dies, wenn zunächst die Erzieherinnen und Erzieher von der Wichtigkeit des Gender Mainstreaming Prinzips überzeugt werden, da sie Gender Mainstreaming im Kindergarten umsetzen müssen.

Während an den Fachhochschulen und Hochschulen Gender Mainstreaming schon eher ein Thema ist, weiß vermutlich die Mehrheit der Bevölkerung hiermit nichts anzufangen und kann den Begriff nicht zuordnen. Hier ist noch sehr viel Aufklärungs- und auch Überzeugungsarbeit notwendig.

Wichtig ist es, dass Erzieherinnen und Erzieher über eine hohe Selbstreflexionsfähigkeit verfügen, damit sie eine offene pädagogische Grundhaltung einnehmen können. Sie müssen das Verhalten der Mädchen und Jungen beobachten, um so Erkenntnisse für die Arbeit zu gewinnen, gleichzeitig aber auch immer ihre eigene Wahrnehmung auf überkommene Denkmuster und Stereotype überprüfen.

Gender Mainstreaming im Kindergarten beschäftigt sich damit, Voraussetzungen zu schaffen, um eine geschlechtergerechte Pädagogik, die die Interessen von Mädchen und Jungen gleichermaßen berücksichtigt, zu ermöglichen. Hierfür sind Veränderungen in der Infrastruktur des Kindergartens notwendig, sodass Ressourcen und Aufmerksamkeit Mädchen und Jungen in gleicher Weise zur Verfügung stehen.

Es geht zunächst nicht um Inhalte, sondern um eine Analyse und genaue Überprüfung der Einrichtung und Angebote. Politisch geht es darum, Maßnahmen zu initiieren, die dazu beitragen, Ungleichheiten zu beseitigen und Chancengleichheit zu fördern[337]

Top-Down müsste Gender Mainstreaming hier bei den Trägerinnen und Trägern angesetzt werden. Viele Trägerinnen und Träger wie z.B. die AWO haben sich zwar mit Gender Mainstreaming beschäftigt und Arbeitshilfen für die Praxis veröffentlicht[338], aber Ausarbeitungen bzw. Übertragungen und Richtlinien für den Bereich Kindergarten liegen meines Wissens bislang noch nicht vor. Meine Recherchen im Rahmen der Diplomarbeit, woran es denn liegen könnte, dass Gender Mainstreaming (noch) kein Thema in den Kindergärten ist, haben ergeben, dass das Top-Down-Prinzip bei der Implementierung insofern nicht funktioniert, da es auf dem langen Weg durch die Institutionen „stecken bleibt".

So hat zwar die evangelische Kirche von Westfalen ein Frauenreferat und auch die Synode hat einen Beschluss zur gleichberechtigten Teilhabe von Frauen und Männern in der evangelischen Kirche von Westfalen getroffen. Der Kirchenkreis Vlotho aber, in dem ich wohne und der für eine größere Anzahl Kindergärten zuständig ist, setzt Gender Mainstreaming nicht um. Es gibt zwar eine Kindergartenbeauftragte,aber kein Frauenreferat, geschweige denn eine Gender Mainstreaming-Beauftragte. Es gibt lediglich eine Pastorin als Beauftragte für Frauenfragen, die sich neben ihrer Gemeinde um die Koordinierung der Frauengruppen im Kirchenkreis kümmern soll. So bleibt Gender Mainstreaming „stecken".

Deswegen reicht eine Top-Down Implementierung meiner Meinung nach nicht aus. Top-Down kann nur ein Rahmen geschaffen werden, damit die Veränderungen von „unten" in den Köpfen der einzelnen Frauen und

---

[337] vgl. Voigt-Kehlenbeck, C.; Jahn, I.; Kolip, P. (o.J.): Gender Mainstreaming; Geschlechtsbezogene Analysen in der Kinder- und Jugendhilfe; Eine Praxishandreichung; BIPS, S.1-27, S.7.

[338] vgl. hierzu: z.B.: Schriftenreihe Theorie und Praxis der Arbeiterwohlfahrt (2004) Gender Mainstreaming.

Männer, Mädchen und Jungen geschehen kann. Gleichzeitig muss auch „unten", zum Beispiel in den Kindergärten, begonnen werden, die Komponente Geschlecht in alle Bereiche des Kindergartenalltags mit einzubeziehen.

Wichtige Akteure und Akteurinnen im Kindergarten sind die Erzieherinnen und Erzieher. Aufgrund der Tatsache, dass diese zum größten Teil (noch) nicht an Hoch- oder Fachhochschulen ausgebildet worden sind bzw. werden, muss der Schwerpunkt zunächst in der Grundlagenforschung liegen, um den Kindergarten als Gegenstand dieser Grundlagenforschung in unterschiedlichen Disziplinen und Forschungsrichtungen zu etablieren.[339]

Des Weiteren muss Genderwissen in das System Kindergarten transferiert werden mit dem Ziel Basisinformationen, Problemwissen und neue Sichtweisen zu ermöglichen und dadurch dann die Motivation bei den Erzieherinnen und Erziehern dafür zu wecken, dass diese sich mit den Voraussetzungen und Auswirkungen, die die Komponente Geschlecht auf den Fachbereich Kindergarten hat, auseinanderzusetzen.

Es gibt mittlerweile eine Reihe Expertinnen und auch einige Experten, die sich mit dem Thema Gender Mainstreaming, bezogen auf den Bereich des Kindergartens, auseinandergesetzt und hierzu veröffentlicht haben. Ich habe versucht, auf diese in diesem Buch einzugehen. Deren Lektüre kann, genauso wie dieses Buch, für den Einstieg in das Thema Gender Mainstreaming (nicht nur im Kindergarten) und bei der Entwicklung von Umsetzungsideen für den eigenen Arbeitsbereich z. B. im Kindergarten hilfreich sein.

Für ein Gelingen des Gender Mainstreaming Prozesses ist die Genderkompetenz der beteiligten Akteurinnen und Akteure entscheidend wichtig. Hierbei geht es jedoch nicht nur um die Vermittlung von ‚einfacher Genderkompetenz', also dem Wissen um die Instrumente und Methoden, die zur Umsetzung von Gender Mainstreaming Prozessen notwendig sind.

---

[339] vgl. hierzu: Rabe-Kleberg, U. (2003): a. a. O.: S.95.

Wichtig ist vor allem auch die Vermittlung von Genderkompetenz im erweiterten Sinne, da hierdurch erreicht werden kann, dass das sozialpädagogische Handeln während aller Phasen des pädagogischen Tuns immer dahin gehend untersucht wird, welche Auswirkungen dies auf die Mädchen und Jungen hat.[340] So kann es gelingen, die Komponente Geschlecht bei allen Planungen, auf allen Ebenen und bei allen Entscheidungsprozessen mit einzubeziehen.

Die Frage ist nun, was bedeutet dies für das direkte Handeln im Kindergarten?

Wie ich unter 5.5.5 Erweitertes 6-Schritte Modell nach Karin Tondorf schon angesprochen habe, müssen zunächst die dort angeführten Grundvoraussetzungen durch die Aufnahme von Gender Mainstreaming als Leitidee geschaffen werden.

Wenn Gender Mainstreaming als „Führungs- und Organisationsaufgabe" festgelegt ist und im Leitbild/in der Konzeption des Kindergartens als Leitziel die Umsetzung von Gender Mainstreaming verankert wurde, müssen ausreichend Zeit und finanzielle Ressourcen zur Verfügung stehen, damit Erzieherinnen und Erzieher bzw. zumindest die Kindergartenleitungen und Fachberaterinnen Gender-Schulungen[341] besuchen können. Durch Maßnahmen zur Gewinnung der Eltern, auch im Sinne der im Gesetz geforderten Erziehungspartnerschaft und gezielten Informationspolitik im Sinne eines Wissensmanagements, können große Fortschritte erzielt werden.

Gerade auch im Rahmen der vorgeschriebenen Bildungsdokumentationen und der hierzu erfolgten Beobachtungsschulungen der Erzieherinnen und Erzieher hat hier schon ein Wissenszuwachs begonnen. Die Einbeziehung der

---

[340] vgl. hierzu nochmals: Voigt-Kehlenbeck, C.(o.J.): Genderkompetenzen a.a.O: S.1.
[341] nach Holzer sind Gender-Schulungen in der Regel eine „Kombination aus Übungen zur Selbsterfahrung und Informationen und Fortbildungen zur Gender-Thematik. (vgl. Holzer, B.:(2003): S.19 (siehe hierzu auch die in dieser Arbeit gegebenen Reflexionsanregungen für Erzieherinnen und Erzieher).

Überlegungen bezüglich des Geschlechts der Kinder ist, wie ich versucht habe zu zeigen, nur noch ein kleiner, ohne großen Aufwand zu integrierender Schritt.

Wie im Kapitle 6 an Beispielen gezeigt, kann es gelingen, dass Gender Mainstreaming zu einem wesentlichen, aber selbstverständlichen Bestandteil im täglichen Miteinander wird.

Es gibt ein wirklich gut durchdachtes Konzept, um die Gleichberechtigung zwischen den Geschlechtern herzustellen, es gibt Instrumente und Methoden, mit denen dieses Konzept umgesetzt werden könnte und trotzdem funktioniert es nicht so richtig, zumindest nicht auf allen Ebenen, auf denen Gender Mainstreaming umgesetzt werden müsste.

Während meiner Ausbildung zur Erzieherin war es so, dass uns als eine ganz wichtige Sache mit auf den Weg gegeben wurde, dass wir (als Pädagoginnen und Pädagogen) die Mädchen und Jungen da abholen sollen, wo sie jetzt gerade stehen. Ich denke, dass dies auch gilt, wenn Gender Mainstreaming im Kindergarten umgesetzt werden soll.

Die im Kindergarten beschäftigten Erzieherinnen und Erzieher, die Mädchen und Jungen und die Mütter, Väter und anderen Erziehungsberechtigten als die Akteurinnen und Akteure im Kindergarten müssen dort abgeholt werden, wo sie zur Zeit stehen.

Mit ihnen gemeinsam kann Gender Mainstreaming umgesetzt werden, nach Schaffung der Rahmenbedingungen.

Umsetzungsideen und Beispiele, wie eine geschlechtergerechte Pädagogik im Sinne eines zu initiierenden Gender Mainstreaming Prozesses im Kindergarten aussehen kann, habe ich im siebten Kapitel zusammengetragen und erläutert. Wichtig ist mir, noch einmal darauf hinzuweisen, dass es bei der Übertragung von Genderwissen in den Kindergarten nicht allein um eine geschlechtergerechte Pädagogik im Kindergarten geht, sondern darum, alle Ebenen und alle im und für den Kindergarten wichtigen Bereiche mit in den

Gender Mainstreaming Prozess einzubeziehen. Es sollen so nicht nur Basisinformationen, Problemwissen und neue Sichtweisen vermittelt werden,
sondern alle beteiligten Akteurinnen und Akteure sollen zunächst dafür
sensibilisiert und motiviert werden, welche unterschiedlichen Voraussetzungen und Folgen aufgrund der Komponente Geschlecht für den Kindergartenbereich bestehen.

Aufgrund der derzeitigen Umbruchsituation im Bereich der Kindergärten
durch den vorliegenden „Gesetzentwurf zur frühen Bildung und Förderung
von Kindern", also die bevorstehende Einführung des Kinderbildungsgesetzes
(KiBiz) in Nordrhein-Westfalen zum 01.08.2008, ist die Auseinandersetzung
mit dem Thema Geschlecht im Kindergarten noch weiter nach hinten ge-
rutscht. Gender Mainstreaming ist in diesem Gesetzentwurf kein Thema.
Lediglich im § 7, dem Diskriminierungsverbot, ist hier festgelegt, dass:

„Die Aufnahme eines Kindes in eine Kindertageseinrichtung [...] nicht aus
Gründen seiner Rasse oder ethnischen Herkunft, seiner Nationalität, seines
Geschlechts, seiner Religion oder seiner Weltanschauung verweigert
werden"[342] darf. Des Weiteren wird auf die Wichtigkeit des Kindergartens im
Bezug auf die Vereinbarkeit von Beruf und Familie eingegangen.

Nach Aussage des Gesetzentwurfes selbst ist es, um Nordrhein-Westfalen zu-
kunftsfähig zu erhalten, wichtig, dass dieses Gesetz sowohl den hohen Anforderungen an eine bestmögliche frühkindliche Förderung für jedes Kind,
der Vereinbarkeit von Familie und Beruf angesichts der Veränderungen in
Familie und Arbeitswelt als auch den pädagogischen und finanziellen Anforderungen gerecht wird.

Dass dieses Gesetz den Anforderungen gerecht wird, wenn es nicht erwähnt,
dass die unterschiedlichen Lebenslagen von Mädchen und Jungen berücksichtigt werden sollen, wage ich zu bezweifeln.

---

[342] vgl. Gesetzentwurf zur frühen Bildung und Förderung von Kindern (Kinderbildungsgesetz – KiBiz).

Bei Gender Mainstreaming handelt sich um eine Doppelstrategie, die Diskriminierungen verbietet und Benachteiligungen von Frauen und Männern und Mädchen und Jungen durch einen Förderauftrag abbauen soll, um so die tradierte Kultur der „Zweigeschlechtlichkeit", die tief in den gesellschaftlichen Strukturen verankert ist, abzubauen.

Trotz der schon 1979 gestellten Forderung zur Beseitigung aller Diskriminierungen gegenüber Frauen, ist diese zwar vorangeschritten, aber immer noch nicht vollständig gelungen. Die Realisierung dieser Forderung hat allerdings durch Gender Mainstreaming andere Ausmaße angenommen, da Frauen und Männer hierdurch gemeinsam an der Gleichberechtigung beteiligt werden.[343] Auch das Kinder- und Jugendhilfegesetz (SGB VIII), als rechtliche Grundlage der Kinder- und Jugendarbeit, erwähnt deutlich Mädchen und Jungen. Es schreibt vor, dass „die unterschiedlichen Lebenslagen von Mädchen und Jungen zu berücksichtigen, Benachteiligungen abzubauen und die Gleichberechtigung von Mädchen und Jungen zu fördern" sind. Dieses geht als übergeordnetes Ziel dem Folgenden voraus.

Im Kindergartenbereich wird die Auseinandersetzung mit der Geschlechterfrage durch viele verschiedene Punkte erschwert. Die mangelnde Kenntnis der Erzieherinnen und Erzieher in Genderfragen ist hierfür ein maßgeblicher Grund. Bedingt hierdurch ergeben sich auch teilweise „problematische oder unklare pädagogische Zielvorstellungen."[344]

Hinzu kommen die Arbeitsstrukturen im Kindergarten, die die Implementierung von Gender-Mainstreaming-Prozessen als Top-Down-Strategie so nicht ermöglichen. Erste Ermittlungen des Ist-Zustandes (Situationsanalyse) in Kindergärten, wie sie von Permien und Frank vorgenommen wurden, zeigen dies deutlich.[345] Hinzu kommt der allgemein

---

[343] vgl. Döge, Peter (2003): Von der Gleichstellung zur Gleichwertigkeit – Gender Mainstreaming als Ansatz zur Modernisierung von Organisationen, S. 34-49, S.35.

[344] Permien, H.; Frank, K.: (1995) Schöne Mädchen- starke Jungen?, a. a. O. S.18.

[345] Allerdings bezogen sich die Untersuchungen von Permien und Frank auf Hortkinder,

mangelhafte oder zumindest lückenhafte Forschungsstand ganz allgemein in der Pädagogik der frühen Kindheit.

In der Kindergartenarbeit war „empirisch belastbar kaum etwas über die Genderstrukturen und Genderinteraktionen innerhalb der Träger und zwischen den verschiedenen Akteursebenen"[346] bekannt.

Im Kindergarten treffen verschiedene Akteurinnen, Akteure und Akteurinnengruppen zusammen. Vor allem zur wichtigen Gruppe der Eltern liegen, nach Rabe-Kleberg, fast keine Erkenntnisse vor. Dies wird aber gerade im Hinblick auch auf den Ausbau der Kindergärten zu Familienzentren eine wichtige Rolle spielen. Problematisch sind auch die teilweise nicht bewussten Vorannahmen der Erzieherinnen und Erzieher. Vielfach gehen diese davon aus, dass sie Jungen und Mädchen gleich behandeln und sehen so gar keine Notwendigkeit in der Veränderung ihrer Arbeit. Es ist wahrscheinlich erst noch viel Aufklärungsarbeit und auch Fortbildung nötig, um dazu zu kommen, dass Erzieherinnen und Erzieher auf mehr Gleichberechtigung, Gleichbewertung und Rollenerweiterung hinarbeiten und nicht davon ausgehen, dass sie dies tun.

Denn: „Nur wenn sich beide Geschlechter von Kindheit an in ständigem wechselseitigen Prozess der Veränderung befinden, Schritt für Schritt den Weg miteinander gehen und sich dabei auch die Erwachsenen und ihre Umwelt ändern, besteht die Chance einer Zukunft in wirklicher Gleichberechtigung."[347] Der Kindergarten ist der Ort, an dem die meisten Mädchen und Jungen erstmals längerfristigen Kontakt zu anderen Mädchen und Jungen und Erwachsenen außerhalb ihrer Familie haben. Deswegen bestehen auch gerade hier die Ansatzmöglichkeiten, um Veränderungen initiieren zu

---

die älter sind als Kindergartenkinder. Viele Ergebnisse halte ich jedoch für gut übertragbar.

[346] Rabe-Kleberg, U. (2003): a. a. O.: S.95.

[347] Grabrucker, M. (1985): „Typisch Mädchen..." Prägung in den ersten drei Lebensjahren; Ein Tagebuch, Fischer-Taschenbuch, S. 249.

können. Möglichkeiten liegen hier sowohl in der Ausbildung zukünftiger Erzieherinnen und Erzieher, als auch in der Fort- und Weiterbildung von in Kindergärten tätigen Erzieherinnen und Erziehern. Der erste Schritt hierzu muss jedoch erst einmal in der Sensibilisierung für Geschlechterfragen liegen. Diese Sensibilisierung und ein Wissenszuwachs müssen bei allen gegenwärtig und zukünftig beteiligten Akteurinnen und Akteuren stattfinden. Es gibt viel zu tun, packen wir es an.

8. Literatur

- Adolph, Petra (Hrsg.): KiTa spezial (2/2001); Typisch Mädchen – typisch Junge?! Geschlechtsbewusste Erziehung in Kindertageseinrichtungen, Carl Link; Deutscher Kommunal-Verlag, Kronach.

- Baer, S. (2002) Gender Mainstreaming als Operationalisierung des Rechts auf Gleichheit; Ausgangspunkte, Rahmen und Perspektiven einer Strategie; in Bothfeld, S.; Gronbach, S.; Riedmüller, B. (Hrsg.): Gender Mainstreaming – Eine Innovation in der Gleichstellungspolitik; Zwischenberichte aus der politischen Praxis, Frankfurt/New York, S.41-62.

- Bartjes, H. (2003): Männer in Frauenberufen, S.128-140 in: Büttner, C.; Nagel, G. (Hrsg.): Alles Machos und Zicken ? Zur Gleichstellung von Jungen und Mädchen in Kindertagesstätten, Kallmeyer Verlag, Seelze.

- Becker-Schmidt, R. (2003): Zur doppelten Vergesellschaftung von Frauen, S.1-18; gender...politik...online: http://www.web.fu_berlin.degpdf/becker_schmidt_ohne.pdf, eingesehen am: 18.08.07.

- Becker-Textor, I. (1992): Mit Kinderaugen sehen; Wahrnehmungserziehung im Kindergarten, Praxisbuch Kindergarten; Herder Verlag, Freiburg/Basel/Wien.

- Benard, C.; Schlaffer, E. (2000): Wie aus Mädchen tolle Frauen werden, Heyne Verlag, München.

- Bernitzke, F.; Schlegel, P. (2004): Das Handbuch der Elternarbeit, Bildungsverlag EINS, Troisdorf.

- Bildungsvereinbarungen NRW: www.bildungsvereinbarungennrw.de, S.1-24

- Blank-Mathieu, M. (o.J.): Gender Mainstreaming im Kindergarten, in: Kindergartenpädagogik -Online-Handbuch- http://www.kindergartenpaedagogik.de/1264.html eingesehen 01/06.

- BMFSFJ: (2006) Informationen zum Antidiskriminierungsgesetz, S.1, eingesehen 08/07
  http://www.bmfsfj.de/bmfsfj/generator/Politikbereiche/gleichstellung,di
  d=12154.html.BMFSFJ: (2005) Zwölfter Kinder- und Jugendbericht:
  Bildung, Betreuung und Erziehung vor und neben der Schule, zu beziehen
  über den Publikationsversand der Bundesregierung:
  E-Mail: publikationen@bundesregierung.de.

- BMFSFJ: (2005) Datenreport zur Gleichstellung von Frauen und Männern
  in der Bundesrepublik Deutschland, Stand: Oktober 2005

- BMFSFJ: (2004) Amtsblatt der Europäischen Union: Richtlinien
  2004/113/EG DES RATES (13.12.2004) Zur Verwirklichung des Grund-
  satzes der Gleichbehandlung von Männern und Frauen beim Zugang zu
  und bei der Versorgung mit Gütern und Dienstleistungen; S.1-7; Brüssel:
  eingesehen am 17.08.2007
  http://www.bmfsfj.de/bmfsfj/generator/RedaktionBMFSFJ/Abteilung4/
  Pdf-Anlagen/richtlinie-2-
  geschlechter,property=pdf,bereich=,sprache=de,rwb=true.pdf.

- BMFSFJ: (o.J.) Gleichstellung im internationalen Recht: CEDAW;
  http://www.gender-mainstreaming.net.gm.

- BMFSFJ: (o.J.): Definition Gender Mainstreaming; eingesehen am
  24.08.2007 www.gendermainstreamingnet.de.

- BMFSFJ: (o.J.) Die Gestaltung von Öffentlichkeitsarbeit, S.1-2;
  http://www.gender-
  mainstreaming.net/bmfsfj/generator/gm/Wissensnetz/instrumente

- BMFSFJ: (o.J.) Checkliste Gender Mainstreaming bei Maßnahmen der
  Presse und Öffentlichkeitsarbeit; eingesehen am 07.07.2007
  http://www.bmfsfj.de/bmfsfj/generator/RedaktionBMFSFJ/Abteilung4/
  Pdf-Anlagen/gm-checkliste-
  pressearbeit,property=pdf,bereich=,sprache=de,rwb=true.pdf.

- Braig, M (2001) in: E+Z – Entwicklung und Zusammenarbeit.: Ester
  Boserup (1910-1999) Die ökonomische Rolle der Frau sichtbar machen,
  S.36-39, Online-Text, eingesehen: 01/06.

- Brückner, M.(2001): Gender als Strukturkategorie und ihre Bedeutung für
  die Soziale Arbeit, S.15-23 in: Gruber, C.; Fröschl, E. (Hrsg.): Gender-
  Aspekte in der Sozialen Arbeit, Czernin Verlag GmbH, Wien.

- Büttner, C.; Nagel, G. (Hrsg.) (2003): Alles Machos und Zicken? Zur Gleichstellung von Jungen und Mädchen in Kindertageseinrichtungen, 1. Aufl., Kallmeyer Verlag.

- Büttner, C.; Dittmann, M. (Hrsg.)(1992): Brave Mädchen- böse Buben? Erziehung zur Geschlechtsidentität in Kindergarten und Grundschule; Beltz Verlag, Weinheim/Basel.

- Callenius, C. (2002): Wenn Frauenpolitik salonfähig wird, verblasst die lila Farbe; in: Bothfeld, S.; Grombach, S., Riedmüller, B (Hrsg.): Gender Mainstreaming; Herausforderung für den Dialog der Geschlechter, Frankfurt/New York, S.63-80.

- Colberg-Schrader, H.; Krug, M: (1999): Arbeitsfeld Kindergarten: pädagogische Wege, Zukunftsentwürfe und berufliche Perspektiven; Juventa-Verlag Verlag, Weinheim, München.

- Cordes, M. (1996): Rechtspolitik als Frauenpolitik; in: Gleichstellung oder Gesellschaftsveränderung, Opladen, S.33-50.

- Dackweiler, R. M. (o.J): Gegenläufiges und Ungleichzeitigkeiten: Geschlechterreflexive Kinder- und Jugendforschung, -hilfe und -politik im Kontext von Gender Maistreaming, (bislang unveröffentlichter Artikel), Bielefeld.

- De Beauvoir, S. (1989) Das andere Geschlecht; Sitte und Sexus der Frau I, Verlag Volk und Welt, Berlin, 1989, © 1949 der Originalausgabe: Le Deuxieme Sexe,© 1951, Rowohlt, Reinbek bei Hamburg.

- Deutsche Arbeitsgemeinschaft Selbsthilfegruppen e.V. (DAG SHG) (Hrsg.) (2002): Gruppen im Gespräch; Gespräche in Gruppen; Ein Leitfaden für Selbsthilfegruppen, NAKOS, Gießen.

- Deutscher Bundestag (Hrsg.) (2002): Schlussbericht der Enquete-Kommission; Globalisierung der Weltwirtschaft, Leske und Budrich, Opladen, Kapitel 6 Geschlechtergerechtigkeit, S.309-323.

- Döge, P. (2003): Von der Gleichstellung zur Gleichwertigkeit; S. 34-49 in: Jansen, M. M.; Röming, A.; Rhode, M. (Hrsg.) Gender Mainstreaming; Herausforderung für den Dialog der Geschlechter; München.

- Elschenbroich, D. (2001): Weltwissen der Siebenjährigen; Wie Kinder die Welt entdecken können, Doris Kunstmann Verlag, München.

- Erhardt, A.; Jansen, M.M.; (2003) Methoden und Instrumente in: dies. (Hrsg.) Gender Mainstreaming; Grundlagen, Prinzipien, Instrumente; Polis 36, Hessische Landeszentrale für politische Bildung, S.24-27, Wiesbaden.

- Faulstich-Wieland, H. (2001): Gender Mainstreaming im Bereich der Kindertagesstätten. In: Ginsheim, G. von; Meyer, D. (Hrsg.): Gender Mainstreaming. Neue Perspektiven für die Jugendhilfe, Stiftung SPI (Sozialpädagogisches Institut) Berlin, S.121-132.

- Faulstich-Wieland, H.(1995): Geschlecht und Erziehung; Wissenschaftliche Buchgesellschaft, Darmstadt.

- Focks, P.(2002): Starke Mädchen, starke Jungs; Leitfaden für eine geschlechtsbewusste Pädagogik, Praxisbuch Kita, Herder Verlag, Freiburg.

- Freimark-Kockert, S. (2001): Erziehen – Eine weibliche Profession. S.320-335, in Rieder-Aigner, H. (Hrsg.): Praxis-Handbuch Kindertageseinrichtungen, Arbeits- und Orientierungshilfe für pädagogische Fachkräfte, Walhalla Fachverlag, Regensburg.

- Frey, R. (2003): Gender im Mainstreaming; Geschlechtertheorie und -praxis im internationalen Diskurs, Ulrike Helmer Verlag, Königstein.

- Frey, R.(2004): Entwicklungslinien: Zur Entstehung von Gender Mainstreaming in internationalen Zusammenhängen, in: Meuser, M.; Neusüß, C. (Hrsg.); Gender Mainstreaming. Konzepte –Handlungsfelder – Instrumente; Polis 36; Hessische Landeszentrale für politische Bildung, Wiesbaden.

- Fried, L. (2001): Jungen und Mädchen im Kindergarten; S.10-12; in: Adolph, Petra (Hrsg.): KiTa spezial (2/2001); Typisch Mädchen – typisch Junge?! Geschlechtsbewusste Erziehung in Kindertageseinrichtungen, Carl Link; Deutscher Kommunal-Verlag, Kronach.

- Gender Kompetenz Zentrum: Definition: Was bedeutet Gender Mainstreaming? http://www.genderkompetenz.info/gm_strat_def.php.

- Gender Kompetenz Zentrum: Sprache, eingesehen am: 29.08.2006; www.genderkompetenz.info/genderkompetenz/handlungsfelder/sprache. promt.html.

- Gender Kompetenz Zentrum: Rechtsgrundlagen, http://www.genderkompetenz.info/gm_r.php.

- Gender Mainstreaming in NRW; eingesehen am: 02.09.2007; http://www.munlv. nrw.de/ministerium/geder_mainstreaming/gm_in_nrw/index.php.

- Gender Mainstreaming – die Gestaltung von Öffentlichkeitsarbeit, S.1-2, http://www.gender-mainstreaming.net/bmfsfj/generator/gm/Wissensnetz/instrumente-und-arbeitshilfen,did=16716.html; eingesehen am: 06.08.2007

- Gewerkschaft Erziehung und Wissenschaft (GEW) (Hrsg.) (2002): Rahmenplan frühkindliche Bildung; Ein Diskussionsentwurf der GEW, zu beziehen über die GEW.

- Giebeler, C. (2004): Das beste Personal für unsere Kinder – Für eine Stärkung der Attraktivität und des fachlichen Standards der Er-zieherinnenausbildung, Stellungnahme: www.fh-Bielefeld, Personen: C. Giebeler Veröffentlichungen.

- Gilbert, S. (2004): Typisch Mädchen! Typisch Junge! Praxisbuch für den Erziehungsalltag; Deutscher Taschenbuchverlag, München.

- Gildemeister, R. (o.J.): Soziale Konstruktion von Geschlecht, S.1-16, ein-gesehen am: 01.07.07 http://www2.gender.hu-berlin.de/geschlecht-ethnizitaet-klasse/www.geschlecht-ethnizitaet-klasse.de/upload/files/CMSEditor/Soziale%20Konstruktion%20von%20 Geschlecht.pdf.

- Ginsheim, von G.; Meyer, D. (Hrsg.)(2001): Gender Mainstreaming ; neue Perspektiven für die Jugendhilfe, Stiftung SPI, Berlin.

- Gleichstellung im internationalen Recht: CEDAW: http://gender-mainstreaming.net/gm/Wissensnetz/rechtliche-vorgaben.did=16740.html.

- Gleichstellungsprüfung der Europäischen Union: http://www.gendermainstreaming.net/gm/aktuelles,did=1356,render=re nderPrint.html,eingesehen am: 04.01.2006.

- Grabrucker, M. (1985): „Typisch Mädchen..."; Prägung in den ersten drei Lebensjahren, Fischer Verlag, Auflage von 1994.

- Gudjons, H. (2006): Pädagogisches Grundwissen, 9. neu bearbeitete Aufl., Klinkhardt, Bad Heilbrunn.

- Hebenstreit, S. (1995): Kindzentrierte Kindergartenarbeit; Grundlagen und Perspektiven in Konzeption und Planung; Herder Verlag; Freiburg i.B.

- Helming, E.; Schäfer, R.: (2004): Auch das noch?! Gender Mainstreaming in der Kinder und Jugendhilfe; DJI (Deutsches Jugendinstitut) Bulletin, H. 66, S.4-7.

- Hemmerich-Bukowski, U. (2003): Gesetzliche Grundlagen unserer Geld- und Auftraggebenden, in: Bundesarbeitsgemeinschaft Evangelische Jugendsozialarbeit IBAG eJSA e.V. [Hrsg.] Gender Mainstreaming: Das geht alle an! Informationen, Einschätzungen, Anregungen und Praxisbeispiele aus der Arbeit der BAGEJSA, Materialheft 2/2003, Stuttgart, S.31-36.

- Holzer, B. (2003): Gender Mainstreaming und seine Relevanz für das Management der Sozialen Arbeit – eine Umsetzungsstrategie am Beispiel einer Kindertagesstätte; ISS Referat, Frankfurt a. M.

- Huschke, J. (2002): AT A GLANCE; Gender Mainstreaming. Eine neue frauenpolitische Initiative der EU oder nur ein weiteres Schlagwort? Ein aktueller Diskussionsbeitrag, Der Andere Verlag, Osnabrück, S.17-20.

- Juris GmbH: Informationen zum Allgemeinen Gleichstellungsgesetz (AGG) www.jurisgmbh.de.

- Käppler, Susanne (2003): Instrumente zur Implementierung von Gender Mainstreaming, in: Bundesarbeitsgemeinschaft Evangelische Jugendsozialarbeit IBAG eJSA e.V. (Hrsg.): Gender Mainstreaming: Das geht alle an! Informationen, Einschätzungen, Anregungen und Praxisbeispiele aus der Arbeit der BAGEJSA, Materialheft 2/2003, Stuttgart, S.31-36.

- Kasüschke, D. (2001): Geschlechtsspezifische Erziehung im Kindergarten: in: Kindergarten heute: Didaktischer Baustein (1): Das Teamgespräch, kiga heute 3/2001, S.38-40; Didaktischer Baustein (2): Elternarbeit, kiga heute 4/2001, S.36-38; Didaktischer Baustein (5): Partizipation von Mädchen und Jungen, kiga heute 7-8/2001, S.34-38, Didaktischer Baustein (7): Jungen entdecken die Welt – Mädchen nehmen teil? kiga heute 10/2001, S.32-35, Artikel freundlicher Weise von der Redaktion Kindergarten heute zur Verfügung gestellt.

- Kinder brauchen Demokratie: S.1-2; http://www.net.part.rlp.de/warum/warum_e2_kinder_text.html 27.07.07.

- Klees-Möller: R. (1997) Kindertageseinrichtungen: Geschlechterdiskurs und pädagogische Ansätze; in: Friebertshäuser, B.; Jakob, G.; Klees-Möller, R.: Sozialpädagogik im Blick der Frauenforschung, Deutscher Studien Verlag, Weinheim, S.155-170.

- Krenz, A. (2000): Der „Situationsorientierte Ansatz" im Kindergarten; Grundlagen und Praxis, 13. Auflage, Freiburg.

- Krenz, A. (1997): 2. Aufl. 1998: Handbuch Öffentlichkeitsarbeit; Professionelle Selbstdarstellung für Kindergarten, Kindertagesstätte und Hort; Herder Verlag, Freiburg i.B.

- Kruse, Otto (2005): Keine Angst vor dem leeren Blatt; 11.Auflage, Campus-Verlag, Frankfurt a.M.

- Landesstelle Sachsen-Anhalt: Geschlechtergerechte Kinder- und Jugendhilfe Sachsen-Anhalt e.V., www.geschlechtergerechtejugendhilfe.de/downloads/kindergarten.pdf. S.1-26, eingesehen am 08.12.2006.

- Meyer, D. (2001): Gender Mainstreaming als Zukunftsressource; S.32-38, in: Ginsheim, von G.; Meyer, D. (Hrsg.): Gender Mainstreaming ; neue Perspektiven für die Jugendhilfe, Stiftung SPI, Berlin

- Maihofer, A. (2003): Von der Frauen- zur Geschlechterforschung; Modischer Trend oder bedeutsamer Perspektivwechsel? S.135-145; in: WIDERSPRUCH 44, Beiträge zu sozialistischer Politik; Zürich.

- Mieke, T. (2001): Sag' mir wo die Männer sind... Professionelle Väterarbeit in der KiTa aus: Kindergartenpädagogik- Online-Handbuch www.kindergartenpädagogik.de.

- Ministerium für Generationen, Familie, Frauen und Integration des Landes Nordrhein-Westfalen: Gesetzentwurf zur frühen Bildung und Förderung von Kindern (Kinderbildungsgesetz – KiBiz). www.mgffi.nrw.de/pdf/kinder-jugend/Gesetzentwurf_KiBiz.pdf.

- Musiol, M.(o.J.): Mädchen sind anders – Jungen auch!; Gleichstellung der Geschlechter in der Bildung AG 10, S.640-647

- Nagel, G. (2003):Die Selbstentwertung des Weiblichen, S.80-95, in: Büttner, C.; Nagel, G. (Hrsg.): Alles Machos und Zicken? Zur Gleichstellung von Jungen und Mädchen in Kindertagesstätten, Kallmeyer Verlag, Seelze ;

- Nestvogel, R. (2004): Sozialisationstheorien: Traditionslinien, Debatten und Perspektiven, in: Becker, R., Kortendiek, B. (Hrsg.) Handbuch der Frauen- und Geschlechterforschung, S: 153-164.

- Oberhuemer, P. (1998): Qualifizierung des Fachpersonals: Schlüsselthema in der Qualitätsdiskussion; S.127-136; in: Ftenakis, W.E.; Textor, M.R. (Hrsg.): Qualität von Kinderbetreuung; Konzepte, Forschungsergebnisse, internationaler Vergleich; Beltz Verlag, Weinheim und Basel.

- Peinl, I. (o.J.): Einführungsvorlesung zum Thema: Geschlecht/Gender als Kategorie in den Sozialwissenschaften, S.9-20, www2.hu-berlin.de/nilus/net-publications/ibaes2/Peinl/text.pdf, eingesehen am 31.07.07.

- Permien, H.; Frank, K. (1995): Schöne Mädchen – Starke Jungen? Gleich-berechtigung: (k)ein Thema in Tageseinrichtungen für Schulkinder, Lambertus-Verlag, Freiburg i. B.

- Rabe-Kleberg, U. (1997): Frauen in sozialen Berufen – (k)eine Chance auf Professionalisierung? In: Friebertshäuser, B.; Jakob, G.; Klees-Möller, R.: Sozialpädagogik im Blick der Frauenforschung, Deutscher Studien Verlag, Weinheim, S.59-69.

- Rabe-Kleberg, U. (2003): Gender Mainstreaming und Kindergarten, 1. Aufl., Beltz Verlag, Weinheim, Basel, Berlin.

- Rendtorff, B. (2006): Erziehung und Geschlecht; Eine Einführung, Verlag W. Kohlhammer, Stuttgart.

- Rohrmann, T. (2003): Gender Mainstreaming in Kindertagesein-richtungen, S.1-10, in: Kindergartenpädagogik-Online-Handbuch: www.kindergartenpaedagogik.de/1318.html., eingesehen zuletzt am: 10.07.07.

- Rohrmann, T. (2005): Geschlechtertrennung in der Kindheit: Empirische Forschung und pädagogische Praxis im Dialog; Abschlussbericht des Projekts „Identität und Geschlecht in der Kindheit": Kapitel 2.3 Die andere Seite: Das Miteinander von Mädchen und Jungen, S.40-46; Braun-schweiger Zentrum für Gender Studies u. Institut für Pädagogische Psychologie der Technischen Universität Braunschweig.

- Rohrmann, T. (2006): Männer in Kindertageseinrichtung und Grund-schule – Bestandsaufnahme und Perspektiven; S.111-134, in: Krabel, J. ; Stuve, O. (Hrsg.): Männer in „Frauen-Berufen" der Pflege und Erziehung, Budrich-Verlag, Opladen.

- Rose, L. (2004): Gender Mainstreaming in der Kinder- und Jugendhilfe, 2. Aufl.; Juventa-Verlag, Weinheim, München.

- Schaffer, U. (1989): Die Reise ins eigene Herz; 1. Aufl.; Kreuz-Verlag, Stuttgart.

- Schnack, D. Neutzling, R. (1992): Wir fürchten weder Tod noch Teufel, in: Büttner, C.; Dittmann, M.: Brave Mädchen – böse Buben? Beltz Verlag, Weinheim, Basel, S.133-144.

- Schambach, G.; Bargen, H. von (2004): Gender Mainstreaming als Organisationsveränderungsprozess- Instrumente zur Umsetzung von Gender Mainstreaming, in: Meuser, M.; Neusüß, C. (Hrsg.): Gender Mainstreaming; Konzepte – Handlungsfelder – Instrumente; Bonn, Berlin; S.274-S.290.

- Schilling, J. (1997): Soziale Arbeit; Entwicklungslinien der Sozialpädagogik / Sozialarbeit, Luchterhand Verlag, Neuwied.

- Schratzenstaller, M. (2002): Gender Budgets – ein Überblick aus deutscher Perspektive, in: Bothfeld, S.; Gronbach, S.; Riedmüller, B. (Hrsg.); Gender Mainstreaming – eine Innovation in der Geschlechterpolitik, Campus Verlag, New York, Frankfurt; S.133-155.

- Seyffert, S. (1997): Kleine Mädchen – Starke Mädchen; Spiele und Phantasiereisen, die mutig und selbstbewusst machen, 5. Aufl. 2001, Kösel Verlag, München.

- solex- die Datenbank für Sozialleistungsrecht, Walhallaverlag, Regensburg; letztes Update: März 2007.

- Stadt Sindelfingen (2005)(Hrsg.): Gender Mainstreaming – ein Thema für die Kindertagesstätte?! Projekt des Regiebetriebs Kindertagesstätten: Amt für soziale Dienste (U. Fujike) und der Gleichstellungsstelle (G. Kentrup), Sindelfingen.

- Stiegler, B. (2002): Gender Mainstreaming; Postmoderner Schmusekurs oder geschlechterpolitische Chance? Friedrich Ebert Stiftung, Bonn.

- Stiegler, B. (2002): Gender Macht Politik; 10 Fragen und Antworten zum Konzept Gender Mainstreaming; Friedrich Ebert Stiftung; Abteilung Arbeit und Sozialpolitik, Expertisen zur Frauenforschung, Bonn.

- Strätz, R.; Demandewitz, H. (2000): Beobachtung; Anregungen für Erzieherinnen im Kindergarten, Votum Verlag, SPI, 4. Aufl., Münster.

- Strohmeier, J.(o.J.): Väter in Kindertagesstätten; eingesehen am 04.05.07
  in: www.familienhandbuch.de/cms/kindertagesbetreuung-vater.pdf

- Textor, M. R. (1999): Väter im Kindergarten; aus: Bildung, Erziehung, Betreuung von Kindern in Bayern 1999, Heft 1; S.10-13.

- Van Dieken, C.; Rohrmann, T. (2002): Konfliktlösungsverhalten von
  Mädchen und Jungen in Kindertageseinrichtungen (Projekt: Mai 2000 –
  September 2002; Reader zur Abschlusstagung des Aktionsforschungsprojekts (24.09.2002); Ein Projekt im Auftrag des Senatsamtes für die
  Gleichstellung, S.1-19: fhh.hamburg.de/.../veranstaltungen/kita-projekt-
  gewaltpraevention-2002-09-25-pdf,proper, eingesehen am: 27.07.07.

- Verlinden, M. (1995): Mädchen und Jungen im Kindergarten, Sozialpädagogisches Institut NRW, Köln.

- Voigt-Kehlenbeck, C.; Jahn, I.; Kolip, P.(o.J.): Gender Mainstreaming;
  Geschlechtsbezogene Analysen in der Kinder- und Jugendhilfe, BIPS, S.1-
  27 www.gender-institut.de, hier Link: Eine Praxishandreichung; eingesehen am: 09.07.07.

- Voigt-Kehlenbeck, C. (o.J.): Genderkompetenzen in der Kinder- und
  Jugendhilfe, Genderinstitut, S. 1-10, www.gender-institut.de, hier Link:
  Genderkompetenzen in der Kinder- und Jugendhilfe, zuletzt eingesehen
  am: 09.07.07.

- Voigt-Kehlenbeck, C. o.J.): Erfahrungen aus der Weiterbildung von Fachkräften der Kinder- und Jugendhilfe im Rahmen von Gender Mainstreaming und Konsequenzen für die Umsetzung von Gender Mainstreaming in der Kinder- und Jugendhilfe: Expertise für das Projekt:
  Gender Mainstreaming in der Kinder- und Jugendhilfe, Deutsches
  Jugendinstitut (DJI) München, S.1-27.

- Walter, M. (2005): Jungen sind anders, Mädchen auch; Den Blick
  schärfen für eine geschlechtergerechte Erziehung, Kösel Verlag, München.

Abonnement

Hiermit abonniere ich die Reihe **Dialogisches Lernen (ISSN 1614-4643)**, herausgegeben von Dr. Cornelia Muth,

❐ ab Band # 1

❐ ab Band # ___

   ❐ Außerdem bestelle ich folgende der bereits erschienenen Bände:

   #___, ___, ___, ___, ___, ___, ___, ___, ___, ___, ___, ___

❐ ab der nächsten Neuerscheinung

   ❐ Außerdem bestelle ich folgende der bereits erschienenen Bände:

   #___, ___, ___, ___, ___, ___, ___, ___, ___, ___, ___, ___

❐ 1 Ausgabe pro Band   ODER   ❐ _ _ Ausgaben pro Band

Bitte senden Sie meine Bücher zur versandkostenfreien Lieferung innerhalb Deutschlands an folgende Anschrift:

Vorname, Name: _____

Straße, Hausnr.: _____

PLZ, Ort: _____

Tel. (für Rückfragen): _____ *Datum, Unterschrift:* _____

Zahlungsart

❐ *ich möchte per Rechnung zahlen*

❐ *ich möchte per Lastschrift zahlen*

bei Zahlung per Lastschrift bitte ausfüllen:

Kontoinhaber: _____

Kreditinstitut: _____

Kontonummer: _____ Bankleitzahl: _____

Hiermit ermächtige ich jederzeit widerruflich den *ibidem*-Verlag, die fälligen Zahlungen für mein Abonnement der Reihe **DIALOGISCHES LERNEN** von meinem oben genannten Konto per Lastschrift abzubuchen.

Datum, Unterschrift: _____

Abonnementformular entweder **per Fax** senden an: **0511 / 262 2201** oder 0711 / 800 1889 oder als **Brief** an: *ibidem*-Verlag, Julius-Leber Weg 11, 30457 Hannover oder als **e-mail** an: **ibidem@ibidem-verlag.de**

ibidem-Verlag

Melchiorstr. 15

D-70439 Stuttgart

info@ibidem-verlag.de

www.ibidem-verlag.de
www.ibidem.eu
www.edition-noema.de
www.autorenbetreuung.de

Publisher's note: This book has been produced from ready-to-print data
provided by the author(s) and/or individual contributors. The publisher makes no representation,
express or implied, with regard to the accuracy of the information contained in this book and cannot
accept any legal responsibility or liability for any errors or omissions that may have been made.

All rights reserved. No part of this publication may be reproduced,
stored in or introduced into a retrieval system, or transmitted, in
any form, or by any means (electronical, mechanical, photocopying,
recording or otherwise) without the prior written permission of
the publisher. Any person who does any unauthorized act in relation
to this publication may be liable to criminal prosecution and
civil claims for damages.

5408412R00105

Printed in Great Britain
by Amazon.co.uk, Ltd.,
Marston Gate.